"Trust me,
your time will come!"

Danien Feier

HISTORY IN THE MAKING

Vom Traum zur Realität im Network-Marketing

Bibliografische Information der Deutschen Nationalbibliothek:
Die Deutsche Nationalbibliothek verzeichnet diese Publikation in der Deutschen Nationalbibliografie; detaillierte bibliografische Daten sind
im Internet abrufbar über
http:/ dnb.d-nb.de

2nd Edition

»Ich kenne Danien Feier seit vielen Jahren.
Als Inhaber von Network Marketing Pro ist es meine Leidenschaft und meine Passion, Menschen zu helfen, damit sie Network-Marketing-Professionals werden.
Meine Aufgabe ist es, sie zu inspirieren, die volle Verantwortung für ihr Business zu übernehmen, als Führungskraft auf das nächste Level zu gehen und stolz zu sein auf unsere Profession.

Danien Feier lebt diese Werte seit mittlerweile mehr als einem Jahrzehnt und hat Millionen von Networkern beeinflusst und inspiriert. Er genießt massiven Erfolg und ist einer der Spitzenverdiener aus der Millennial-Generation im Network-Marketing.

Wenn Du einer der glücklichen Menschen bist, die sein neues Buch in den Händen halten, lies es aufmerksam und genieße es. Ich bin sicher, es wird Dich in Deiner Karriere voranbringen.«

Eric Worre Bestsellerautor von

»Go Pro. 7 Schritte zum Network-Marketing-Profi«

Vorwort

Herzlich willkommen zu *History in the Making!* In diesem Buch erwartet Dich die komplette Geschichte vom Aufbau meines Business ab dem Tag, an dem ich Network-Marketing kennengelernt habe, bis zu meiner heutigen Organisation. Diese Organisation macht mittlerweile jeden Monat Millionenumsätze und wächst um mehrere Tausend Partner – ebenfalls pro Monat, und das ohne Unterbrechung.

Es ist ebenso die Geschichte, die einen Bogen spannt von meinen ersten Meetings ohne Teilnehmer bis hin zu Mega-Events mit Tausenden von Menschen. Vom beschaulichen mittelhessischen Städtchen Wetzlar, in dem mein Traum anfing zu gedeihen, hin zur Wüstenmetropole der Superlative: Dubai. Mach Dich bereit zu einer unglaublichen Reise voller Höhen und Tiefen und mit vielen, vielen Erkenntnissen. Aber eines kann ich Dir schon vorab verraten: Es gibt ein Happy End!

Ich habe auf meiner Reise an die Spitze viele Dinge erlebt und einige bedeutsame Lernerfahrungen machen dürfen, die ich mit Dir teilen werde. Mein Ziel ist es, Dir mit diesem Buch vieles von dem Wissen mitzugeben, das ich dabei gesammelt habe, aber vor allem auch etwas von meiner Inspiration, sodass auch Du Deine Träume im Network-Marketing verwirklichen kannst – und übertreffen. Dream big, live bigger! Weiterhin wirst Du lernen, wie wichtig die Entwicklung der eigenen Persönlichkeit ist und in welchem Zusammenhang Einstellung, Umfeld und Realität stehen.

Schließlich werde ich Dir noch das System verraten, durch das schlussendlich mein geschäftlicher Durchbruch möglich war. Es gibt nicht vieles auf dieser Welt, was Dein Leben so sehr verändern kann wie dieses Business. Trust me, anything is possible in Network-Marketing.

Ich wünsche Dir von Herzen viel Erfolg bei Deiner Reise!

Dein Danien Feier

Inhalt

HISTORY IN THE MAKING

Konzepte, wie Menschen sie brauchen

Ich habe mir wirklich nicht lange die Frage gestellt, ob ich meine Story und meine Erfahrungen in Form eines Buches veröffentlichen soll. Ich bin recht schnell zu der Erkenntnis gekommen, dass ich es schlicht und ergreifend machen muss, alleine schon wegen meiner Liebe zu Network-Marketing. Außerdem inspiriert jede Erfolgsgeschichte von jemandem, der es geschafft hat, wieder andere Menschen und hilft ihnen, an ihren Traum zu glauben und das nötige Vertrauen zu sich selbst aufzubauen. Ich hoffe, dass ich in diesem Buch genau die richtigen Worte gefunden habe, die Dich nicht bei Deinem Traum vom Network-Marketing stehen bleiben lassen, sondern ihn in eine Wirklichkeit verwandeln.

Anderen zu helfen, inspiriert mich. Genauer gesagt, all denen zu helfen, die in unserem Geschäft einen Weg sehen, ihrem Leben neue, positive Impulse zu geben, und natürlich denen, die unsere Branche und unser Geschäftsmodell noch nicht kennen, es aber in naher Zukunft kennenlernen werden. »Noch« nicht kennen schreibe ich deswegen, weil auch die, die bisher nicht in Kontakt zu unserer Branche gekommen sind, definitiv früher oder später das Glück haben werden, einen Networker und dessen Geschäftsidee kennenzulernen.

Ich spreche deswegen von Glück, weil sich mein Leben durch Network-Marketing so sehr zum Positiven verändert hat, dass ich heute tatsächlich zweimal im Jahr Geburtstag feiere. Meinen richtigen Geburtstag und den Tag, an dem ich mein Business gestartet habe!

Erfolg
besteht darin,
dass man genau die
Fähigkeiten hat,
die im Moment
gefragt sind.

Henry Ford

Ja, wir sind Teil eines globalen Movements, dessen Siegeszug nicht mehr aufzuhalten ist, und wir leben in einer Zeit, in der Network-Marketing nicht mehr in den Kinderschuhen steckt, wie noch vor zwanzig oder dreißig Jahren. Nahezu jeder kennt mittlerweile in seinem persönliche Umfeld einige Menschen, die sich ein paar Hundert oder ein paar Tausend Euro in unserer Branche nebenbei verdienen, und jeder kennt zumindest vom Hörensagen auch jemanden, der oder die »es geschafft« hat. Also jemanden, der mithilfe dieses Geschäftsmodells finanziell unabhängig oder sogar unglaublich erfolgreich geworden ist.

Fakt ist auch, dass wir in der Entwicklung zwar schon sehr weit fortgeschritten sind, aber den größten Quantensprung in der Evolution dieses Geschäftsmodells Network-Marketing noch vor uns haben. Ich bin der felsenfesten Überzeugung, dass in Zukunft nur noch wenige Menschen an diesem Thema vorbeikommen werden. Mehr noch, ich bin mir sicher, dass sich viele Menschen in Zukunft nicht mehr die Frage stellen, *ob* sie ein eigenes MLM-Business betreiben wollen, sondern nur noch die Frage, mit welchem Mentor und bei welcher Company.

Der Wachstumstrend ist klar erkennbar, und der Zulauf, den unsere Profession erlebt, ist eine Tatsache. Unsere Zeit, die globalen Entwicklungen und die Herausforderungen in der Geschäfts- und Arbeitswelt erfordern flexible und massentaugliche Lebens- und Einkommenskonzepte für jedermann und natürlich auch für jede Frau. Und genau das bieten wir. Die Welt und die Menschen »schreien« förmlich nach Lösungen, sie wollen ihr Leben nicht damit verbringen, irgendeiner Arbeit hinterherzurennen, sondern ihre Arbeit oder vielmehr ihr Business so gestalten, dass ein lebenswertes Leben möglich wird.

Genau in diesem Moment, in dem ich diese Zeilen schreibe, muss ich ein wenig schmunzeln und feststellen, dass alle Networker eigentlich Glückspilze sind, denn in diesem Zusammenhang fällt mir doch ein Zitat vom großen Visionär und Unternehmenslenker Henry Ford ein:

Erfolg besteht darin, dass man genau die Fähigkeiten hat, die im Moment gefragt sind.

Und ob wir diese Fähigkeiten haben! Ja, wir haben als Networker nicht nur die Fähigkeiten, sondern wir haben Konzepte, wie Menschen sie brauchen. Wir bieten Lösungen in den fünf lebensbegleitenden Bereichen: Zeit, Finanzen, Gesundheit, soziale Verbindungen und Familie. Damit sind wir in der wirklich traumhaften Situation, dass unser Angebot auf eine hohe Nachfrage stößt.

Glückspilze sind wir in dieser Branche auch deswegen, weil wir im Gegensatz zu großen Teilen der Gesamtbevölkerung nicht an Alternativlosigkeit leiden und unreflektiert ein ganzes Arbeitsleben lang unsere wertvolle Zeit gegen Geld eintauschen, immer mit der Angst im Nacken, dass wir irgendwann nicht mehr gut genug sind oder Opfer des allgegenwärtigen Wandels werden.

Und damit wären wir auch schon beim Thema.

Dieses Buch ist für Dich

Es wäre vermutlich beinahe egoistisch, diese Zeilen nicht zu schreiben. Aktuell gibt es gerade in Europa viel zu wenige erfolgreiche Networker, die ihre Erfahrungen und Erlebnisse in Form eines Buches veröffentlicht haben und ihr Know-how zum Wohle aller teilen.

Im deutschsprachigen Raum kann man die Top-Networker, die unter die Autoren gegangen sind, an einer Hand abzählen, und das ist wirklich schade. Dabei gibt es Dutzende, ja Hunderte, die etwas zu erzählen haben und deren Wort und Wissen echtes Gewicht hat. Es gibt diese »grauen Eminenzen«, die schon seit zwanzig, dreißig oder mehr Jahren ein Leben in finanzieller Freiheit führen, weil sie Konsumentennetzwerke von teilweise mehreren Zehn-oder auch Hunderttausend Kunden und Partnern aufgebaut haben und von echtem passivem Einkommen leben. Es gibt Einkommensmillionäre, über die man ausschließlich in ihren Companys spricht und die darüber hinaus völlig unbekannt sind, deren Erfolgsstorys aber meiner Meinung nach Tausende Menschen rund um den Globus inspirieren würden. Und es gibt auch diejenigen, die vielleicht noch nicht von ihrem Network-Marketing-Business leben können, die aber trotzdem etwas Positives zu erzählen haben, weil sich ihr Leben oder ihre persönliche Situation durch dieses Geschäftsmodell massiv zum Besseren gewendet hat. Es gibt so viele Erfolgsgeschichten, die es wert wären, weitererzählt zu werden, und die das Format eines eigenen Buches verdient hätten.

Ich persönlich habe in den letzten vierzehn Jahren unheimlich viel Erfolgsliteratur gelesen, und natürlich waren auch die Bücher aller erfolgreichen und namhaften Networker Europas dabei. Auch wenn sie nicht meiner Company angehören, habe ich sehr davon profitiert, denn jedes Buch kam genau zur richtigen Zeit! Immer habe ich mir etwas daraus extrahieren können, was mich inspiriert hat. Diese Bücher haben mich motiviert, sie haben mich ausgebildet, sie haben mir Kraft gegeben, die Augen geöffnet, meinen Geist beflügelt, meine Ziele konkretisiert und meine Visionen genährt. Ich bin unheimlich froh über jedes dieser Werke und den Kolleginnen und Kollegen, die sie geschrieben haben, sehr dankbar, denn sie haben mich quasi zum Taschengeldtarif ausgebildet und ein Stück weit zu dem Menschen gemacht, der ich heute bin. Unheimlich dankbar bin ich auch dafür, dass nun der Zeitpunkt gekommen ist und ich das Privileg habe, ein Buch mit meinen Erfahrungen zu veröffentlichen. Noch schöner wäre es, zu wissen, dass meine Zeilen vielen Menschen weiterhelfen werden.

Normalerweise ist der klassische Platz für das Dankesagen, glaube ich, am Ende eines Buches, doch es gibt noch einen weiteren Grund, warum dieses Werk entstanden ist. Wer sich ein bisschen auskennt, der weiß, dass das Schreiben von Büchern nicht gerade zu den Grundbedürfnissen eines Menschen zählt, sondern eher in die Kategorie Selbstverwirklichung fällt. Selbst verwirklichen kann man sich aber nur, wenn man ein bisschen Glück im Leben hat und vor allem die richtigen Menschen an die Seite gestellt bekommt.

Die richtigen Menschen habe ich gefunden. Das sind alle Partner unseres *unityglobal*-Movements, die mir durch ihren Einsatz, durch ihre Power, ihren Fleiß, durch Ausdauer, Kreativität und ihre unbändige Leidenschaft ermöglicht haben, eine Erfolgsstory zu kreieren, die es wert ist, weitererzählt zu werden. Eine Story, die ohne jeden Einzelnen von Euch nicht realisierbar gewesen wäre, denn sie ist die Summe unzähliger einzelner Erfolgsgeschichten, die in den letzten Monaten und Jahren im Stundentakt in unserem Team geschrieben wurden und werden. Die Erfolgsgeschichten von Jungen und

Älteren, die Geschichte von Frauen und Männern, die Geschichte von Studenten und Unternehmern, die von Intellektuellen und einfachen Menschen, die Geschichte von Menschen, die als Einzelne schwach, aber mit und in unserer Gemeinschaft stärker sind als zuvor oder gar zu Spitzenperformern und Network-Marketing-Professionals heranwachsen. Menschen, die die Kraft, die Infrastruktur, die Dynamik und den Spirit eines großen Netzwerks nutzen, um sich selbst ihre Wünsche zu erfüllen, Lebensträume zu realisieren oder einfach nur bei etwas ganz Besonderem dabei zu sein!

Erfolg im Network-Marketing ist niemals eine Solonummer, sondern immer das Ergebnis vieler Einzelleistungen. In keinem Geschäft der Welt unterstützt der Einzelne so sehr die Gemeinschaft und die Gemeinschaft so sehr den Einzelnen. Jeder profitiert von jedem!

Dieses Buch ist jedem Einzelnen von Euch gewidmet, und ich hoffe, damit etwas zurückgeben zu können, worauf ihr stolz sein könnt. Etwas, von dem jeder behaupten kann, dass er oder sie ein Teil davon ist. Wir haben jetzt schon Geschichte geschrieben, und so wie ich viele von Euch kennenlernen durfte, bin ich mir absolut sicher: Unsere Zeit wird kommen …!

Das Umfeld

Was Du bist, wirst Du vor allem durch die Menschen, mit denen Du am meisten Zeit verbringst.

Wir alle sind das Produkt unserer Umwelt und von äußeren Einflüssen. Natürlich haben wir unsere eigene Individualität, aber wir können uns der Einwirkungen vonseiten der Familie, der Kollegen und des persönlichem Umfeldes nicht so leicht entziehen. Es ist eine Tatsache, dass wir zu großen Teilen so werden wie die Menschen, mit denen wir uns hauptsächlich umgeben. Oder auch »umgeben werden«, denn viele Menschen haben sich dieses Umfeld zu Beginn nicht bewusst ausgesucht.

So kommt es, dass das Umfeld bei den meisten leider nicht besonders generös, nicht besonders positiv und nicht besonders wertschöpfend ist, sondern eher limitierend und einschränkend, bei manchen sogar destruktiv. Das Schlimme dabei: Die meisten Menschen merken das gar nicht einmal, weil sie nichts anderes kennen. Sie können sich gar nicht vorstellen, welche Potenziale man selbst freizusetzen in der Lage wäre, wenn man sich unter vorwiegend positiven Einflüssen oder Mentorship entwickeln würde.

Die meisten Menschen merken es nicht, wenn ihr Umfeld limitierend, destruktiv und einschränkend ist

Selbst die, die es merken, haben es meistens nicht leicht, den Fängen des Alltags und ihres Umfelds zu entkommen. Die Menschen, die uns einschränken, meinen es nämlich meist sogar gut mit uns. Sie machen das, was sie tun, nicht zu dem Zweck, um uns zu schaden, sondern eher weil sie unser Wohl im Sinn haben und uns »schützen« wollen. Klingt im ersten Moment verrückt, ist aber leider sehr oft so.

Für uns stellt sich hier die Frage, ob wir das alles einfach so hinnehmen oder ob wir es schaffen, diese Muster zu durchbrechen. Gelingt es uns, uns proaktiv mit anderen Menschen zu umgeben, unseren Kopf mit besserem Inhalt zu befüllen?

Was die Entwicklung von Menschen betrifft, habe ich die Feststellung gemacht, dass sehr viele ihr ganzes Leben lang so bleiben, wie sie sind, und mit der »Festplatte« oder »Fremdsteuerung« weitermachen, die ihnen aufgespielt wurde. In meinem konkreten Fall war es so, dass ich mich in einigen Bereichen zum kompletten Gegenteil entwickelt habe, weil mich bestimmte Anlässe und Erlebnisse dazu gebracht haben, nach und umzudenken, und mir die Kraft gegeben haben, im wahrsten Sinne des Wortes »auszubrechen«.

Tatsache ist, auch ich bin zu einem großen Teil das »Produkt« meiner Umwelt! Ich bin unter sehr liebevollen und doch eher strengeren Verhältnissen groß geworden, und meine Eltern, insbesondere meine Mutter, die sich um die Erziehung kümmerte, wollten wirklich nur das Beste für mich. Bei uns zu Hause wurde unter anderem ein Taschengeldbuch geführt, wir hatten in der Familie Wochenarbeitspläne, ich musste Küchendienst machen und regelmäßig meinem Vater im Garten helfen. Ich hatte kein Handy wie die meisten meiner Freunde, und selbst die Satellitenschüssel, ein Geschenk meines Onkels, haben meine Eltern aus Prinzip einfach wieder zurückgegeben.

Fast alles, was mit Geld und Freiheit zu tun hatte, unterlag irgendwelchen Limitierungen, und es ging recht konservativ zu bei uns. Nicht weil sich das meine Eltern so ausgedacht hatten, sondern weil sie versuchten, stets das Beste für mich und unsere Familie zu erreichen. Sparsamkeit war deswegen aus ihrer Sicht einfach notwendig. Meine Mutter bekam mich im sehr jungen Alter von gerade mal neunzehn Jahren, und das Geld war richtig knapp. Wir mussten immer mehr oder weniger mit dem auskommen, was da war, und die Geldnot erforderte so manches Mal erheblichen Erfindergeist.

So wurde beispielsweise eine alte Kabeltrommel eine Zeit lang als Küchentisch benutzt, ich bekam keine neuen Klamotten, sondern die von Familienangehörigen, und wir fuhren mit dem Fahrrad zum Einkaufen, um Sprit zu sparen. Essen im Restaurant oder Urlaub im Hotel gab es so gut wie nie, weil es finanziell einfach nicht machbar war. Irgendwie habe ich diese Limitierungen damals sehr bewusst erlebt, und schon als Kind keimte in mir so langsam der Entschluss, dass ich das später mal nicht so haben will.

Wir sprechen hier noch nicht von klaren Zielen, Plänen oder gar konkreten Vorstellungen, aber in den Tiefen meines Unterbewusstseins wollte ich mich dieser Tatsache nicht geschlagen geben. Ich stellte mir immer wieder die gleiche Frage: »Wie wäre es, wenn man doch irgendwann mal nicht mehr aufs Geld schauen müsste?« Kurze Frage nebenbei: Kennst Du dieses Gedankenspiel vielleicht irgendwoher?

Ich bin mir sicher, einige müssen jetzt mitleidig schmunzeln und werden sich sagen: »Danien Feier, bei mir ist finanziell alles in Ordnung, und in meiner Familie mussten wir nie auf das Geld gucken oder sparen. Das war nie ein Thema.« Wenn Du zu dieser Kategorie gehörst, dann herzlichen Glückwunsch, denn ein unlimitierter Geist in Bezug auf Geld und Werte ist ein gute Grundlage fürs Leben. Auch dafür, gute Geschäfte zu machen.

Wenn Du Dich allerdings mit meiner damaligen Situation identifizieren kannst, weil bei Dir oder bei Euch zu Hause am Ende des Geldes auch immer noch viel vom Monat übrig ist, dann solltest Du an dieser Stelle noch genauer lesen. Denn ich bin nicht mit einem goldenen Löffel im Mund geboren, hatte auch keine Beziehungen, die mir den Weg ins reale Leben geebnet hätten, ebenso wenig einen Zugang zu »geheimen« Bildungsquellen oder elitärem Wissen. Niemand hat für mich dieses Business aufgebaut oder ist den Weg für mich an meiner Stelle gegangen.

Ich bin ein durchschnittlicher Mensch, der lediglich überdurchschnittlich geträumt hat und einen starken Hunger hatte für die Sache, und ich möchte Dir an dieser Stelle schon mal eines versprechen: Wenn das bei mir geklappt hat, dann kann es auch bei Dir funktionieren. Daran glaube ich von ganzem Herzen!

Man muss wissen, dass ich in Bezug auf »Wärme«, Werte, Geborgenheit und alles andere, was man von einer Familie erwarten kann, in der besten Situation war, die man sich vorstellen kann, und dafür bin ich überaus dankbar. Doch es gab auch Dinge, die wollte ich für mein Leben anders haben. Spontanität, Freiheit und Unabhängigkeit habe ich vermisst. Auch hätte ich sehr gerne viel früher nach meinen eigenen Regeln gelebt. Ich fühlte mich oft eingeengt und kontrolliert und wollte unbedingt frei sein. Und eines der großen Themen war natürlich die Sache mit dem Geld. Das war ein weiterer Baustein, der mir für mein perfektes Puzzle fehlte, und ich nahm mir vor, ihn zu finden und zu ergänzen. Ich wollte einfach in Bezug auf Finanzen später einmal ein besseres Leben führen, und dass dies möglich war, konnte ich damals schon aus unmittelbarer Nähe miterleben.

Ich hatte zum damaligen Zeitpunkt in der Schule einen Kumpel, dessen Eltern eine Gebäudereinigungsfirma besaßen, und diese Familie führte ein anderes Leben als wir. Sicherlich hätte ich in allen familiären Belangen niemals tauschen wollen, denn da vermisste ich nichts. Im Gegenteil, ich liebe meine Familie und bin sehr glücklich mit ihr! Aber in einigen Punkten, wie Unternehmergeist, Freiheit und Geld, lief es dort anders. Ich weiß, ehrlich gesagt, nicht einmal, ob seine Familie tatsächlich vermögend oder reich war, aber irgendwie schien Geld nie eine so große Rolle zu spielen, denn es war einfach immer welches da. Geschweige denn dass sich seine Eltern einschränken oder auf Dinge verzichten mussten oder er die »Secondhand-Kleidung« von anderen Familienangehörigen getragen hat. Das waren einfach zwei unterschiedliche Welten.

Unheimlich viele Menschen haben mich in den letzten Jahren immer wieder gefragt, woher ich meine Motivation nehme.

Wenn ich das heute erklären soll, gelange ich zu folgender Erkenntnis: Ich hatte und habe tatsächlich zwei motivierende Energien in mir. Nämlich *»weg von«* den Limitierungen, dem Geldmangel und den Regeln und Einschränkungen und *»hin zu«* einem finanziell unbeschwerten, unabhängigen und sorgenfreien Leben. Ich wollte das ganz einfach für mich so haben.

Jetzt weißt Du vielleicht, warum ich persönlich mit Motivation nicht sehr oft ein wirkliches Problem hatte. Seitdem ich denken kann, verspüre ich meinen inneren Antrieb, der dank dieser Erfahrungen, Erlebnisse und der daraus resultierenden Erkenntnisse in meinem Leben verwurzelt ist.

In der beschriebenen Konstellation liegen also die Wurzeln meines Antriebs versteckt, und man könnte auch sagen, dass ich mir ziemlich klar darüber bin, wohin die Reise für mich gehen soll. Ich brauche tatsächlich niemanden, der mich motiviert oder der mir quartalsweise eine Predigt halten muss, damit ich »funktioniere«.

Aber wie sieht das Ganze denn bei Dir aus? Bist Du Dir im Klaren, wohin Deine Reise im Leben gehen soll? Oder wohin nicht?

Ich glaube, 80 Prozent der Menschen sind Träumer oder vielmehr »Wünscher« und »Hoffer«, die mit einer »Möchtegern«-Mentalität durchs Leben laufen und irgendwann mit 65 erkennen müssen, dass sie leider kein »Glück« hatten und es bei ihnen nicht geklappt hat. Allerdings gibt es ein paar wenige, die wissen ziemlich genau, was sie nicht mehr wollen, und die zählen dann erfahrungsgemäß zu den Erfolgreicheren im Leben.

Es gibt einige Menschen, die wissen ziemlich genau, was sie nicht mehr wollen, und die zählen dann erfahrungsgemäß zu den Erfolgreicheren im Leben

Und dann gibt es eine noch kleinere Anzahl von Menschen, die nicht nur wissen, was sie *nicht* wollen, sondern die auch noch eine glasklare Vorstellung davon haben, wie es denn stattdessen aussehen soll. Die sich also ihrer Ziele sehr bewusst sind. Das sind Personen, die *von irgendwas weg* und – gleichzeitig! – *zu irgendwas hin* wollen.

Ich glaube, ich wusste zuerst, was ich *nicht* wollte. Und dann kamen da noch die ganzen Träume dazu von Freiheit und Unabhängigkeit und irgendwann immer konkretere Bilder in meinem Kopf – und schon hatte ich beides, was es braucht, um dauerhaft motiviert zu sein. Aus diesem Konstrukt ist meine

Motivation entstanden, und der kleine Samen, der in meiner Kindheit gesät wurde, ist immer mehr zu einer Pflanze geworden, die mittlerweile zu einem starken Baum herangewachsen ist. Heute gibt es sogar Menschen, mit denen ich eng zusammenarbeite und die der Meinung sind, dass dieser starke Baum gar kein Baum mehr ist, sondern »a freaking forest«.☺

Meine ersten Schritte

Aufgrund der beschriebenen Situation und vom Gedanken beseelt, später mal meine eigenen Entscheidungen treffen zu können, interessierte ich mich schon als Junge dafür, eigenes Geld zu verdienen. Ich probte zu Hause mit meinen Schwestern kleine Theateraufführungen und verkaufte dafür Eintrittskarten an Freunde und Eltern. Ich habe CDs und DVDs gebrannt, in meinem Kinderzimmer »Kasinobesitzer« gespielt, und auch das Kaufen, Verkaufen und Weiterverkaufen auf Flohmärkten war eine große Leidenschaft von mir.

Die nächste Stufe nach dem Flohmarkt war E-Bay. Dort habe ich nach Schnäppchen gesucht, die ich dann wiederum mit einem kleinen Aufschlag weiterverkauft habe. Auch hier gab es eine Steigerung. So zum Beispiel erwarb ich bereits aktivierte SIM-Karten in größeren Stückzahlen und veräußerte sie in der Schule an Klassenkameraden und deren Kumpels weiter, denen ihre Eltern kein eigenes Handy erlaubten.

Zwar waren das alles noch keine richtigen Geschäfte, sondern eher »Geschäftchen«, kleine Deals oder kreative Tauschgeschäfte, aber immerhin bewirkten diese Aktivitäten, dass ich immer etwas Geld für meine Bedürfnisse zur Verfügung hatte. Und ich wollte nicht nur meine Bedürfnisse befriedigen, sondern ich verspürte auch den Drang, das Geld zu vermehren, indem ich es irgendwo investierte in der Hoffnung, es mit Gewinn wiederzubekommen. Mich interessierte einfach alles, was mit Handel, Investition und/oder Ertrag zu tun hatte, und ich entwickelte mich so langsam, aber sicher zu dem, was man heute vielleicht »Dealmaker« nennt.

Während Kumpels und Freunde den typischen Teenageraktivitäten nachgingen, schien mein Hirn unentwegt nach Möglichkeiten zu suchen, mehr aus meinem Leben zu machen, und die Motivation durch meine Familiensituation tat ein Übriges, sodass ich mich immer mehr mit diesen Themen beschäftigte, und zwar nicht nur in der Theorie, sondern auch praktisch mit zunächst eher kleinen, aber sichtbaren Erfolgen.

Die nächsten Chancen eröffneten sich mir dann mit den Möglichkeiten, die das Internet bot. Ich kann mich noch gut erinnern, dass wir bei uns in der Schule einen Bibliothekscomputer hatten, und immer wenn ich die Gelegenheit hatte, nutzte ich die Zeit, um mich im Netz umzusehen. Übrigens war dieser Computer leider oft besetzt, und um mehr Zeit dort verbringen zu können, habe ich Mitschülern sogar Geld dafür gegeben, dass sie den Platz am Computer für mich frei machten …! ☺

Im Internet stieß ich recht schnell auf die Vorreiter des heutigen Affiliate-Marketings. Es gab hier tatsächlich Anbieter, die zahlten Geld dafür, dass man Menschen dazu brachte, auf einen Link zu klicken oder eine Website zu besuchen. Dafür gab es dann zum Beispiel 5 Cent pro Klick, und ich wusste, dass man im Prinzip nur A und B zusammenbringen musste, um 5 Cent zu verdienen. Das war zwar nicht viel, aber ich erkannte recht schnell, dass man auch richtig gutes Geld verdienen kann, sobald man viele oder sehr viele Menschen dazu bewegt, eine kleine Aktion auszuführen.

Das war genial, und mit den ersten Affiliate-Provisionen, die ich erhielt, kaufte ich wiederum neuen Traffic und Besucher – und schon hatte ich ein kleines Business, das mir zu Spitzenzeiten Hunderte Euro auf mein Werbekonto spülte. Eines Tages hatte ich über 400 Euro auf der Bank – alles selbst verdient.

Zu diesem Zeitpunkt kam bei mir schon ein wenig das Gefühl einer »Goldgräberstimmung« auf. Ich war noch sehr jung, und über 400 Euro bedeuteten für mich damals unheimlich viel Geld. Ich erlebte das allererste Mal, was es heißt, an den Aktivitäten und Aktionen anderer Menschen finanziell beteiligt zu werden und passiv Geld zu verdienen. Ich war zwar nur sehr gering beteiligt, aber immerhin beteiligt …! Dieses Erlebnis war unglaublich.

Ich verdiene lieber 1 Prozent an den Leistungen von einhundert Menschen als 100 Prozent an meiner eigenen Leistung!

J. P. Getty

Das beschriebene Geschäft funktionierte leider nicht auf Dauer, denn ich machte natürlich auch Fehler, und andere Menschen waren noch »schlauer« als ich. Doch obwohl ich noch Teenager war, wurde mir langsam, aber sicher klar, dass die klassische Definition von »Arbeit« und »Geldverdienen« hier nicht galt. Mir war immer gesagt worden, ich müsste »arbeiten gehen«, wenn ich Geld verdienen möchte. Aber das stimmte hier nicht. Ich musste keine »Zeit gegen Geld tauschen«, um Einkommen zu generieren. Es faszinierte mich, dass diese Art des Geldverdienen nichts mit dem zu tun hatte, was ich aus meinem persönlichen Umfeld und von Familienangehörigen her kannte. Es war nicht nur *anders*, es war *magisch*, denn immer wenn ich den Computer wieder angeschaltet habe, war mehr Geld auf dem Affiliate-Werbekonto, und ich hatte aktiv dafür eigentlich nichts getan …!

Heutzutage ist Affiliate-Marketing weit verbreitet, passive Einkommensstrategien gibt es einige, und Network-Marketing, als eine der fairsten Geschäftsformen, in der man tatsächlich ein dauerhaftes passives Einkommen aufbauen kann, ist in aller Munde.

Und doch kann ein großer Teil der Menschen mit dem Thema »passives Einkommen« noch nichts anfangen, weil in ihrer Erziehung ausschließlich das Fach »Zeit gegen Geld tauschen« unterrichtet wurde. Hast Du Dir eigentlich schon mal die Frage gestellt, warum das so ist?

Ich wünsche mir inständig, mit meiner Geschichte dazu beitragen zu können, dass möglichst viele Menschen ihr aktuelles Lebensoder aber auch Einkommenskonzept prüfen und sich fragen, wer das alles so festgelegt hat, wie es ist, und ob es da nicht andere Wege gibt, die ihnen bisher einfach noch niemand erklärt hat.

Ich bin der Meinung, nichts auf dieser Welt ist in Stein gemeißelt, weder die Art und Weise, wie wir leben, noch der Weg, auf dem wir Geld verdienen oder Geschäfte betreiben. In Kreisen von finanziell und unternehmerisch Gebildeten ist heute hinlänglich bekannt, dass Menschen, die ihr ganzes Leben lang Zeit gegen Geld tauschen, sehr wahrscheinlich niemals wohlhabend oder finanziell frei sein werden.

> *Definition*
> *Die vollkommenste Form eines Business ist für mich eine wirtschaftliche Einheit, die Gewinne generiert – auch ohne weiteres Zutun*

Alle diejenigen, denen es vergönnt ist, finanziell frei zu sein, haben sich anderer »Hebel« bedient. Sie haben sich meistens ein oder mehrere Systeme geschaffen, die »für sie arbeiten«. Sie haben sich ein Unternehmen oder »Maschinen« gebaut, die sich nachfolgend genannte Dinge zunutze machen: »other people's activities«, »other people's time« und/oder »other people's money«.

Rückblickend betrachtet, kann man sagen: Ich hatte damals schon unbewusst mit diesem Affiliate-Business eine »Minimaschine« gebaut, die mir die Aktivitäten anderer Menschen vergütet hat.

Später stieß ich dann im Netz auf mein nächstes »Business«. Ein Onlinekasino, für das man Freunde werben konnte. Die Idee war einfach: Wirb einen Freund, und wenn dieser 25 Euro einsetzt, dann bekommt er noch mal 25 Euro on top geschenkt und du als Werber auch. Das war doch was! Die Idee des Kundenwerbens begeisterte mich sofort, und ich versuchte mein Glück. Tatsächlich hatte ich bald ein paar Freunde für dieses Kasino geworben. Das war wirklich super.

Das Problem war nur, dass ich irgendwann selbst einer der besten Kunden in dem Kasino war und leider viel zu viel Zeit dort verbrachte. Ich wollte unbedingt Geld machen, und wahrscheinlich war ich schon fast spielsüchtig, denn es gab kaum noch etwas anderes für mich als den Gedanken an Roulette!

Das Ganze ging tagein, tagaus so weiter. Ich wurde schlussendlich ein mathematischer Experte in der Progression nach dem berühmten »Rouletteforscher und Mathematiker« Marigny de Grilleau. Doch als ich irgendwann einmal wieder mitten in der Nacht gerade eine große Summe von mehreren Hundert Euro verspielt hatte, die ich mir vorher mühevoll über viele Empfehlungen aufgebaut hatte, verlor ich den Spaß an der Sache.

Mir drängte sich das Gefühl auf, endlich etwas Vernünftiges tun zu müssen. Ein richtiges Geschäft, etwas mit Substanz. Und dann erinnerte ich mich plötzlich an eine kleine gelbe Broschüre, die ich vor etwa zwei Jahren in den Händen gehabt hatte. Irgendwie hatte diese damals den Weg in unseren Briefkasten zu Hause gefunden.

Diese Broschüre war seinerzeit, noch vor meiner Kasino-Leidenschaft, der erste Kontakt mit der Network-Marketing-Branche gewesen. Auch wenn ich das zu diesem Zeitpunkt – ich war damals sechzehn – noch nicht verstanden hatte. »Erfolgreich arbeiten von zu Hause«, stand auf dem Titelblatt. Ich liebte diese Worte, denn genau das wollte ich.

Da ich noch zu jung war, um offiziell Geschäftspartner zu werden, einigte ich mich mit der Dame, die mir den Flyer zugeschickt hatte, auf folgende Lösung: Ich würde ihr von zu Hause aus »ein wenig helfen« und interessante Kontakte vermitteln. Doch ich hatte die Rechnung ohne meine Mutter gemacht.

Man muss sich mal in deren Situation versetzen: Da redet ihr sechzehnjähriger Junge am Telefon mit einer fremden Frau über Produkte, potenzielle Kunden und »interessante Kontakte«. Da können doch bei einer Mutter nur die Alarmglocken schrillen! Sie wollte mich natürlich schützen, und so machte sie der Dame, mit der ich damals zusammenarbeitete, am Telefon unmissverständlich klar, dass diese geschäftliche Verbindung nicht von Dauer sein würde. Mehr noch, sie erhob sogar den Vorwurf, hier werde Kinderarbeit gefördert, und verbot den Kontakt. Meine Mutter war stinksauer und mein Business beendet, noch bevor es richtig begonnen hatte.

Nun, wie auch immer, nach meinem wenig glücklichen Ausflug in die Welt des Onlinekasinos erinnerte ich mich plötzlich wieder an diese kleine Broschüre, die mir einige Jahre vorher schon so interessant erschienen war. Ich gab auf Google die magischen Worte ein: »Arbeiten von zu Hause«. Und siehe da, es kamen gleich so einige Einträge. Ich war Feuer und Flamme und sehr, sehr neugierig.

Einige der Suchresultate sahen ausgesprochen interessant aus, und ich habe gar nicht lange darüber nachgedacht und mich auf einer dieser Seiten direkt für die Teilnahme an einer Geschäftspräsentation eines Network-Marketing-Unternehmens in Frankfurt angemeldet.

Es ist an dieser Stelle anzumerken, dass ich bis zu diesem Zeitpunkt nichts wusste, weder über das Unternehmen noch über Network-Marketing oder gar Details. Die Hoffnung alleine hat mich bewegt und Berge versetzt.

An meinem Leben und an meinen Aktivitäten als Teenager kann man, glaube ich, recht gut erkennen: Die Dinge, mit denen man sich im Leben beschäftigt, denen man Raum gibt und mit denen man seinen Geist füttert, werden über kurz oder lang eine mehr oder weniger wichtige Rolle spielen. Sie haben die Angewohnheit, sich zu manifestieren und einen immer größeren Platz in unserem Leben einzunehmen. Je intensiver und leidenschaftlicher man sich damit beschäftigt, desto größer ist die Wahrscheinlichkeit, dass die bewusste oder auch unbewusste Suche nach bestimmten Dingen von Erfolg gekrönt ist.

Ich habe, seit ich denken kann, nach Möglichkeiten gesucht, Geld zu verdienen und ein besseres Leben zu führen, und eine solche Möglichkeit sollte ich nun endlich kennenlernen.

Rückblickend würde ich heute sogar noch einen Schritt weiter gehen und sagen, dass Du in diesem Leben auf *jede* Frage eine Antwort bekommst, wenn Du nur lange und intensiv genug danach suchst. Und wenn Du die Antwort wirklich finden willst. Deshalb sagt ja auch der weltbekannte Coach Tony Robbins: »Die Qualität

Deiner Fragen bestimmt die Qualität Deines Lebens.« Die meisten Menschen stellen einfach zu schlechte und unbedeutende Fragen.

Erster Kontakt mit Network-Marketing

Mit achtzehn Jahren war es für mich endlich so weit. Ich glaube, man kann nicht von einem Zufall sprechen. Es kam, wie es kommen musste – ich hatte das erste Mal »offiziell« Kontakt mit einem Network-Marketing-Unternehmen. Im November 2003 saß ich im Frankfurter »Relexa Hotel« auf der Geschäftspräsentation einer MLM-Company. Diesen Tag werde ich wohl in meinem ganzen Leben nie vergessen, denn das, was ich dort erlebte, überstieg komplett mein Vorstellungsvermögen und mein damaliges Verständnis von dem, was möglich war.

Wie Du ja weißt, hatte ich jahrelang den Stein der Weisen gesucht, hatte Lehrgeld bezahlt und war bis dato nicht fündig geworden. Ich hatte im Internet nach Geschäftsgelegenheiten gesucht, mir das Hirn zermartert, alles Mögliche ausprobiert und trotzdem nicht die Erfolge erzielt, die ich mir vorgestellt hatte.

In riesengroßer Aufregung, freudiger Erwartungshaltung und mit Hunderten von Fragen im Kopf saß ich nun auf dieser legendären Präsentation, die mein Leben für immer verändern sollte.

Ein einziges Meeting kann definitiv alles verändern

Rückblickend betrachtet, gab es für mich ein Leben, bevor ich Network-Marketing kennengelernt habe, und ein komplett neues Leben danach. Ich kann definitiv die Menschen nicht verstehen, die mir heute die Frage stellen: »Was soll ein einziges Meeting schon verändern?«

Ein einziges Meeting kann definitiv alles verändern! So war es zumindest bei mir.

Wie gesagt, ich saß dort mit meinen gerade mal achtzehn Jahren und lauschte Referenten, wie ich sie vorher noch nie erlebt hatte. Diese Menschen konnten unglaublich gut reden, waren wahnsinnig positiv gestimmt und so was von smart, wie ich es bisher nicht kannte. Das konnte doch nicht wahr sein, das war einfach zu gut! Ich fragte mich wirklich, ob ich träumte, denn das Ganze war ein bisschen surreal, aber noch mehr war ich schwer beeindruckt. Ich war gefesselt von der genialen Stimmung, den Informationen, und ich war emotional echt aufgewühlt.

Der Markt, das Unternehmen, die Produkte und der Vergütungsplan wurden vorgestellt, und während ich gedanklich noch nach einem Haken suchte, fiel auch schon das Stichwort »passives Einkommen«.

Ja, es war die Rede von Duplikation und davon, dass man sich ein wiederkehrendes Einkommen durch Kunden oder Geschäftspartner aufbauen könne. Es war wirklich kaum zu fassen, danach hatte ich ja insgeheim mein ganzes bisheriges Leben lang gesucht!

Wie gesagt, ich konnte es kaum glauben, denn wir sprechen an dieser Stelle nicht von einer Wald-und-Wiesen-Company, sondern von einem Global Player, der sich dort präsentierte und mir eine »Offerte« machte. Wir sprechen von einem börsennotierten Network-Marketing-Unternehmen, das heute noch zu den größten und erfolgreichsten der Welt gehört, und genau dieses Unternehmen bot mir als Achtzehnjährigem die Chance einzusteigen.

Ich musste nicht lange überlegen, ob ich da mitmachen wollte. Diese Frage stellte sich für mich nicht. Und ob ich das wollte!

Die einzige Frage, auf die ich eine Antwort finden musste, war die, in welcher Form ich starten wollte. Es gab da nämlich ein kleine Einstiegshürde für mich, denn für den Start in diesem Business musste man Produkte für sich selbst zum Testen erwerben und natürlich für potenzielle Kunden zum Verkauf. Kurz und gut, es gab die Möglichkeit, zwischen verschieden großen Einsteiger-Sets zu wählen. Ich startete damals mit dem kleinsten Paket, weil ich wirklich überhaupt kein Geld hatte, und erwarb zusätzlich noch eine Packung Proteinriegel.

Mit dem Abnehmprogramm der Firma »bewaffnet« und einer entsprechend hohen Erwartungshaltung zog ich los und machte meine ersten Gehversuche.

Auf dem Meeting war mir gesagt worden, dass jeder diese Abnehmprodukte brauche, dass jeder diese Produkte wolle, dass der Markt riesengroß und die Firma die beste sei, die man sich vorstellen könne. Mein Start sollte jedoch anders verlaufen als in der Theorie besprochen.

Die Ersten, die Bekanntschaft mit meiner Begeisterung machen sollten, waren meine Eltern. Ich riss sie noch am selben Abend aus dem Schlaf, um ihnen mit strahlenden Augen mitzuteilen, ich würde jetzt ein Geschäft beginnen, das mich reich und finanziell unabhängig machen würde.

Dementsprechend groß war ihre Verwunderung, und wie man sich sicher vorstellen kann, entsprach ihre Begeisterung keineswegs der meinigen. Ich glaube, ich war so »on Feier … ☺«, dass ich sie mit meinem Enthusiasmus förmlich erschlagen habe.

Wahrscheinlich haben sie in diesem Moment sogar gedacht, dass sie in meiner Erziehung etwas Grundlegendes falsch gemacht hätten, als ich so hin und weg war von dieser »naiven« Idee. Sie waren natürlich skeptisch, und sie nahmen mich auch nicht so richtig ernst. Aber das sollte sich innerhalb der nächsten Jahre ändern … Nur konnten sie das zu diesem Zeitpunkt noch nicht glauben.

Apropos glauben: Viele Menschen haben unheimlich große Probleme, wenn es um das Glauben geht. Ihnen fehlen vollkommen die nötige Fantasie und die Vorstellungskraft, und genau das möchte ich mithilfe dieses Buches ändern!

Gerade heutzutage trifft man immer wieder auf Zeitgenossen, die an gar nichts mehr glauben können. Viele von ihnen sind desillusioniert. Aber ein noch größerer Anteil ist zu smart. Sie sind zu schlau und zu gebildet, um sich noch die gesunde Portion Naivität bewahrt zu haben, die ihnen hilft zu sehen, was alles möglich ist. Die Lösung ist immer einfach!

Gewisse Menschen erklären mir immer wieder, warum das und jenes nicht funktionieren könne. Sie finden tausend Gründe, warum ganz speziell in ihrem Fall alles besonders schwierig sei, warum bei ihnen in der Region ein schwieriger Markt herrsche, warum gerade sie ein besonders herausforderndes Schicksal hätten oder warum ihre Freunde besonders ungeeignet seien.

Aber denk doch mal nach! Jeder steht vor herausfordernden Situationen. Du kannst nur von dort aus starten, wo Du bist, und nicht von dort aus, wo Du nicht bist. Und dann geht es darum, sich von diesem Ort aus weiterzuentwickeln.

Es gibt viele Challenges in unserem Leben. Aber die Challenge mit uns selbst ist eine der härtesten!

Erzähl mir doch nicht, warum etwas nicht funktioniert. Warum Dinge nicht funktionieren, das weiß ich schon selber. Sag mir lieber, warum etwas machbar, warum etwas möglich ist. Sei Möglichmacher, Träumer, Spinner und »Täter«, und wenn Du es nicht (mehr) bist, dann werde es wieder. Ich will nicht sagen, dass der Weg, den Du zu gehen hast, ein leichter sein wird, aber eine Lösung gibt es immer!

Andere Menschen behalten immer so lange Recht, bis man ihnen das Gegenteil beweist, und auch bei mir hat es viele lange Jahre gedauert, bis meine Eltern meinen Weg verstanden haben. Aber egal, ich hatte den langen Atem, den es manchmal braucht, anderen das Gegenteil zu beweisen. Das war schon bei vielen erfolgreichen Menschen so, und vielleicht motiviert Dich ja meine Story, Deinem Umfeld zu zeigen, dass es nicht Recht hat …!?

Auch wenn mein Weg innerhalb der vergangenen Jahre immer wieder mal korrigiert werden musste, auch wenn er immer wieder mal steinig war und auch wenn ich immer wieder mal von der richtigen Spur abgekommen bin, habe ich nie mein großes Ziel aus den Augen verloren und dieses Ziel auch nie korrigiert. Ich wollte mithilfe von Network-Marketing Großes erreichen! Ich glaube, das ist genau das, worum es geht. Sobald es etwas schwieriger wird, reagieren die meisten Menschen damit, dass sie ihre Ziele ändern. Für mich aber war das nie eine Option. Ich wusste, was ich wollte, ich habe immer versucht, das große Ganze zu sehen, insbesondere in den Momenten, in denen es schwer war. Probleme sind immer nur eine Momentaufnahme, es sind Situationen, die es zu lösen gilt, eine Vision aber ist in Stein gemeißelt.

Doch zurück nach Frankfurt. Dass ich mal solche Zeilen wie gerade eben schreiben würde, hätte ich mir selbst nie vorstellen können, und es sollten noch einige Prüfungen zu bestehen sein, bis es dazu kam.

Da ich mein Einsteigerpaket nun refinanzieren musste, begann ich das von mir erworbene Abnehmprogramm an den Mann oder an die Frau zu bringen. So wie sich das für einen anständigen Networker gehört, sprach ich mit allen, die meine Geschichte hören wollten, und auch mit ziemlich vielen, die meine Geschichte nicht hören wollten. So kam ich durch persönliche Kontakte und durch das Verteilen von Flyern (»Suche Personen, die ihr Gewicht reduzieren möchten«) zu meinen ersten Kunden, die sich für das Thema Gewichtsreduktion interessierten.

Ich machte zunächst vor allem Umsatz durch Produktverkäufe. Meine Flyer verteilte ich ohne Ende, jeden Tag und ohne Pause. Erst in meiner Nachbarschaft, dann in immer weiter entfernten Wohngebieten, die ich teilweise mit dem Bus erreichte. Immer nachdem ich 1000 Flyer verteilt hatte, belohnte ich mich selbst mit einem meiner Proteinriegel und zelebrierte die Nutzung meines »eigenen Produktes«.

Es war zwar sehr viel Arbeit, und meine Finger fühlten sich im November und Dezember an, als würden sie mir erfrieren, aber ich war wie in einem Film. Top motiviert. Mit der Chance meines Lebens. Niemand und nichts würde mich aufhalten.

Ich verdiente mit Produktverkäufen einige Hundert Euro im Monat, was super war, aber an erfolgreiche Duplikation der eigenen

Arbeitskraft, geschweige denn Umsatz generierenden Teamaufbau, war zu diesem Zeitpunkt noch gar nicht zu denken.

Trotz der Kunden verdiente ich einfach zu wenig Geld, um wirklich voranzukommen, und so suchte ich mir einen zusätzlichen Nebenjob, um das alles zu finanzieren. Dennoch war ich unendlich glücklich, dabei zu sein. Ich zog alle Register und war kreativ, wenn es darum ging, Lösungen für gewisse kleine Alltagsprobleme zu finden. Ich hatte zum Beispiel keinen Führerschein. So suchte ich für unsere Präsentationen immer nach Gästen, die ein eigenes Auto hatten, sodass ich auf Meetings, Ausbildungen und Schulungen mitfahren konnte. Ich habe mir niemals die Frage gestellt, ob das alles für mich funktionieren könnte. Ich wusste, es würde funktionieren. Es war tief in mir drin, dass ich Network-Marketing machen wollte. Es sollte nur noch eine Frage der Zeit sein, bis ich den »Tipping Point« erreichte.

Ich brauchte unendlich lange sieben Monate, um meinen ersten ernsthaften Teampartner zu finden, genauer gesagt eine Teampartnerin, die auch mit einem entsprechenden Businesspaket eingestiegen ist. Wie man sich sicher vorstellen kann, motivierte mich das ungemein. Nun war auch dieser Step vollzogen, die Zelle hatte sich zum ersten Mal »richtig« geteilt, und das sollte sie ab diesem Moment noch des Öfteren tun …

Ich war auf jedem Meeting. Jeder Präsentation. Jedem Training. Ich las alle Bücher, Broschüren und Unterlagen. Ich saugte alle Informationen auf wie ein Schwamm.

Meine Beharrlichkeit und meine Ausdauer hatten zur Folge, dass ich nach zwei Jahren vom Start weg das erste Mal 1000 US-Dollar auf meinem Scheck stehen hatte. Das war noch lange nicht das, was ich mir vorgestellt hatte, und das ist sicher aus heutiger Sicht auch nicht besonders viel. Aber mal ganz ehrlich: Zeig mir mal einen Abiturienten, der im Monat seiner Abiturprüfung 1000 Dollar parallel zur Schule in einem Nebenjob von zu Hause aus verdient!

In dieser Zeit gab es viele Hürden zu meistern. Am Anfang freuten sich meine Eltern über mein neues Geschäft, doch später hatten sie ernsthafte Sorgen wegen meiner weiteren beruflichen und schulischen Laufbahn. Sie stellten kurzerhand zu Hause das Telefon ab, sodass ich keine Kunden mehr erreichen konnte, und ließen mich wissen, dass sie mit meiner Entscheidung alles andere als zufrieden waren.

Das führte dazu, dass ich ab diesem Moment mit meinem ersten eigenen Handy mein Business aufbaute. Weil mein Tarif eine »Homezone« mit günstigeren Konditionen in einem bestimmten Bereich vorsah, war ich gewöhnlich in einem Wohngebiet neben der Schule am Telefonieren. Ich machte Termine und betreute meine Kunden. Jeden Tag. Vor der Schule, in den Pausen und nach der Schule. So oft, dass irgendwann Anwohner die Polizei alarmierten, weil sie Angst hatten, dass dort irgendetwas nicht passte oder illegale Geschäfte abgewickelt würden. Ich lud die Polizisten dann kurzerhand zu unserer Geschäftspräsentation ein.☺

Ich hätte sicherlich tausend gute Gründe gehabt, nicht weiter zu telefonieren – aber egal, ich war überzeugt, und darum gab ich mein Bestes.

Dementsprechend groß waren die Freude und die Motivation, und ich konnte mit meiner Begeisterung nicht hinterm Berg halten. Begeisterung ist einfach ansteckend, und das Ganze ging sogar so weit, dass ich während der Abiturprüfung Proteinshakes an Lehrer und Prüfer verkaufte. Ich war wirklich sehr leidenschaftlich.

Nach dieser Prüfung sollte ich nun endlich frei sein und wollte Network-Marketing hauptberuflich betreiben. Einen entsprechenden Motivationsschub der Extraklasse erhielt ich auf einem großen

Event meines damaligen Partnerunternehmens in den USA, wohin ich im direkten Anschluss an meine bestandene Abiturprüfung flog.

Welcome to Atlanta.
Welcome to
Network-Marketing
at its best.

Erste große internationale Convention

Wie wichtig es manchmal sein kann, eine Entscheidung zu treffen, zu ihr zu stehen und es dann einfach durchzuziehen, erlebte ich auf dieser für mich immer noch unvergesslichen Convention in den USA. Natürlich war es mit einem hohen Investment verbunden, so weit zu reisen, aber unterm Strich war es jeden Cent wert.

Ich flog also nach Atlanta. Im Motel wohnte ich zusammen mit einem Partner aus meinem Team und drei weiteren aus einer befreundeten Struktur auf einem Zimmer. Es war zwar nicht sehr luxuriös, aber das war egal. Hauptsache, wir waren da!

Die Tage der Veranstaltung werde ich nie in meinem Leben vergessen, denn dort erlebte ich ein Network-Marketing-Feuerwerk. Zehntausende von Menschen in einem Stadion. Außerdem lernte ich das erste Mal live von einem Menschen, der in der Network-Marketing-Industrie eine echte Ikone ist. Eine wirkliche Instanz mit großer Strahlkraft und wahnsinnig hohem Impact. Von jemandem, vor dem sich die komplette Branche heute noch verneigt, weil er einer ihrer wichtigsten Coaches, Einflussnehmer und Vordenker war.

Sein Name: Jim Rohn.

Wenn ich mich an seine Rede erinnere, die er auf dieser Convention gehalten hat, bekomme ich noch heute eine Gänsehaut. Man muss sich vorstellen, dass das Conference Center in Atlanta mit mehreren Tausend Geschäftspartnern meiner damaligen Company gefüllt war und die Stimmung nicht besser hätte sein können.

> *Und an alle Menschen, die da ganz, ganz hinten im Dunkeln sitzen:*
> *Glauben Sie mir,*
> *Ihre Zeit wird kommen!*

Nach einer inhaltlich wirklich sehr guten Rede mit unheimlich vielen Learnings schloss er am Ende seines Vortrages mit sehr emotionalen und einprägsamen Worten. Er blickte von der Bühne hinab in die ersten Reihen, wo die Topearner, Topleader und die Erfolgreichsten der Company saßen, und sagte: »The people in the front who already made it: Trust me, your time will come!« – *Die Menschen hier vorne, die es schon geschafft haben: Glauben Sie mir, Ihre Zeit wird kommen!*

Danach schweifte sein Blick weiter nach hinten in den Raum, und er wiederholte seine Aussage: »And all the people behind you sitting on the beautiful floor seating: Your time will come!« – *Und die Menschen hinter ihnen auf den nächsten Plätzen: Ihre Zeit wird kommen!*

Danach deutete er mit der Hand auf den hinteren Bereich des Saals und sagte zum dritten Mal: »And to the people in the auditorium all over the arena: Trust me, your time will come!« – *Und die Menschen im Auditorium der Arena: Glauben Sie mir, Ihre Zeit wird kommen!*

Schließlich blickte er ganz weit nach oben in den Saal, zu den Plätzen, die für ihn schon gar nicht mehr richtig zu sehen waren, und wiederholte ein weiteres Mal sein Worte: »And to the people in the very back, sitting all the way up there in the dark: Trust me, your time will come!« – *Und an alle Menschen, die da ganz, ganz hinten im Dunkeln sitzen: Glauben Sie mir, Ihre Zeit wird kommen!*

Dem war nichts mehr hinzuzufügen. Ich fühlte mich so, als hätte mich der Großmeister Jim Rohn persönlich angesprochen. Denn ich saß tatsächlich ganz hinten. Ganz oben, direkt unter der Decke in diesem gigantischen Auditorium. Für mich war ab diesem Moment alles glasklar. Es fühlte sich an, als wären alle Dämme gebrochen, und dort, wo vor einigen Minuten noch viele offene Fragen, kleine Ängste und Unklarheiten waren, zeichnete sich nun ein überdeutliches Bild meiner Zukunft ab.

Meine Zeit würde kommen!

Ein Plan B, um Plan A zu realisieren

Während alle anderen Schulabgänger nun nach einem Beruf oder einem Studienplatz suchten, war für mich eines klar: Network-Marketing war meine Karriere. Ich wäre bereit gewesen, hauptberuflich einzusteigen, ja das war mein ganzer Wunsch. Doch der Familienrat meiner Eltern und Großeltern machte mir klar: Erst muss eine Ausbildung oder ein Studium her. Ich machte mich also auf die Suche nach Ausbildung und Studium als Plan B – einem Plan B, der nur dazu da war, um Plan A zu realisieren.

Ich bewarb mich für ein duales Studium – also ein Studium mit paralleler Praxisausbildung – bei einer großen deutschen Bank. Mit der entsprechenden Courage und einer dicken Portion Selbstbewusstsein rief ich dort an und wurde prompt angenommen. Gleichzeitig begann ich mein Studium an der Hochschule für Bankwirtschaft in Frankfurt zum »Bachelor of Computer Science in Banking and Finance«.

Sicherlich bin ich mit meiner damals gewählten Strategie einer von sehr wenigen, denn die meisten Menschen, die Network-Marketing betreiben, sehen ebendieses Geschäft als ihren Plan B und ihren Hauptjob oder das Studium als Plan A. Bei mir war das nicht so, und irgendwie bin ich da auch ein bisschen stolz drauf. Denn genau betrachtet, liegt in ebendieser Plan-B-Mentalität, mit der die meisten ihr Network-Marketing-Business betreiben, der Grund dafür, dass oftmals die gewünschten Ergebnisse ausbleiben. Wenn man nämlich diesem Geschäft nicht den nötigen Respekt zollt, es nicht mit der entsprechenden Leidenschaft, dem entsprechenden Fokus und vor allem Einsatz betreibt, dann kann man selbst wiederum von diesem Geschäft keinen »Respekt« im Sinne von Ergebnissen erwarten.

Bitte nicht falsch verstehen, es geht hier nicht um den zeitlichen Einsatz, sondern eher um das, was man Leidenschaft und Passion nennt. Plan-B-Mentalität steht bei vielen nämlich für Durchschnittlichkeit, Antriebslosigkeit und Nine-to-five-Denken.

Wenn Du Dein Geschäft mit 100 Prozent Leidenschaft betreibst, dann wirst Du nur die Hälfte der Zeit dafür brauchen im Vergleich zu jemandem, der 100 Prozent Zeit investiert, dies aber ohne Leidenschaft tut!

Während ich also Lehre und Studium »nebenbei abwickelte«, betrieb ich mein MLM-Business mit ebendieser beschriebenen Leidenschaft, und das führte dazu, dass ich schon während dieser Ausbildung 2000 und in Spitzenzeiten sogar über 3000 US-Dollar im Monat dazuverdiente. Zwischenzeitlich war ich von zu Hause ausgezogen, und meine erste eigene Wohnung befand sich im Haus eines meiner Vertriebspartner.

Das alles ging so weiter, bis ich schließlich im vierten Semester vor eine erste wirklich harte Entscheidung gestellt wurde. Bis dato hatte ich nie das Empfinden gehabt, dass es wirklich hart war, aber das sollte sich nun ändern. Im vierten Semester – das war der Zeitraum, in dem man traditionell ein Auslandssemester absolvierte –, wurde ich doch tatsächlich für die Hawai'i Pacific University in Honolulu zugelassen. Das war so ziemlich das Beste, was mir überhaupt passieren konnte, denn ich hatte wirklich oft davon geträumt, mal nach Hawaii zu kommen. Noch dazu kamen jetzt zwei meiner besten Kumpels auch noch dorthin!

Jedoch war dieses Geschenk des Himmels damals tatsächlich auch ein großes Problem für mich.

Wenn ich nämlich dieses Auslandssemester begonnen hätte, hätte ich mein Business zu Hause im Stich lassen müssen. Mit den heutigen Mitteln und technischen Möglichkeiten des Internets und der Social Media wäre das alles sicher kein Problem gewesen, ich hätte das Business genauso gut von dort betreiben können. Aber unter den damaligen Verhältnissen und zum damaligen Zeitpunkt war es absolut notwendig, dass ich mein Geschäft vor Ort in Deutschland bei meinen Kunden und Geschäftspartnern aufbaute. Hier fanden alle Meetings, die Ausbildung für Neustarter und die Präsentation für neue Interessenten statt. Skype, ZoomCall, Webinare oder Facebook live, mit denen man ein Business wirklich effektiv auch international aufbauen hätte können, gab es leider noch nicht. An diesem Punkt liegen sicherlich für den Leser die Fakten ganz klar auf der Hand. »Hawaii was calling«, und jeder normal denkende Mensch hätte sich ohne zu überlegen für das Auslandssemester entschieden und alle anderen Dinge zurückgestellt.

Ich jedoch traf eine atypische, sicherlich auch verrückte Wahl und entschied mich gegen Hawaii! Aber ich entschied mich nicht nur gegen Hawaii, sondern auch gleich gegen die Bank und das komplette Studium.

Was sich an dieser Stelle vielleicht recht unterhaltsam liest, war eine der krassesten und schwierigsten Situationen, die ich bis dahin in meinem Leben bewältigen musste. Es war einer von diesen

Momenten, in denen man dem Leben eine komplett andere Richtung geben kann.

Ich traf eine Entscheidung, die mir unglaublich schwerfiel, weil ich mir über die tatsächlichen Konsequenzen natürlich noch nicht im Klaren sein konnte. Aber ich folgte nicht meinem Kopf und damit dem logischen Menschenverstand, sondern ich folgte meinem Bauch und meinen Emotionen. Mein Traum war es, im Network-Marketing erfolgreich zu werden und irgendwann zu den erfolgreichsten Networkern weltweit zu gehören. Ich sagte mir damals: Ich werde jetzt auf dieses Semester in Hawaii verzichten und dafür mein Geschäft noch härter und intensiver aufbauen. Und dann kann ich eines Tages so oft dorthin fliegen, wie ich möchte.

Und so war es dann auch. Mittlerweile war ich bereits unglaubliche fünf Mal dort! Immer im Fünfsternehotel »The Grand Wailea« auf Maui, Hawaii. Bezahlt von der Company für die ganze Familie. Und ich habe es anderen Führungskräften ebenfalls ermöglicht, mit dabei zu sein.

Also, alles im Leben kommt zurück. Bei mir war es Hawaii, das »zurückkam«. Erst einige Jahre später, aber dafür mehrfach und umso besser … Ich denke, das kann sich sehen lassen!

Ich erinnere mich noch gut an den Tag, an dem ich meine Kündigung bei der Bank abgab. Das Gespräch hatte ich mit dem Personalchef, demselben Kollegen, der mich auch eingestellt hatte. Ich zeigte ihm an diesem Tag meinen aktuellen Scheck über 3500 Dollar und sagte Folgendes zu ihm:

»Ich habe mir das mal durchgerechnet, das ist mir echt zu teuer, für Sie zu arbeiten.«

Daraufhin lächelte er und meinte: »Herr Feier, ich spreche jetzt mal zu Ihnen als Freund und nicht als Personalchef. Überlegen

Sie sich das Ganze doch noch mal und machen Sie wenigstens die Ausbildung fertig, denn dann haben Sie etwas Sicheres.«

Meine Antwort kam wie aus der Pistole geschossen: »Sehen Sie, das ist genau der Punkt. Ich möchte nichts Sicheres, und deswegen will ich auch diese Ausbildung nicht fertig machen. Ich werde diesen Job sowieso später nicht ausüben. Ich brauche nichts Sicheres.« Die Verwunderung stand ihm ins Gesicht geschrieben, denn das war, glaube ich, eines der ungewöhnlichsten Gespräche, die er jemals geführt hatte.

Mit genau diesem Gespräch waren meine Zeit bei der Bank und auch mein Studium dann schließlich beendet, und ich konnte mich hauptberuflich und Vollzeit dem Aufbau meines Geschäfts widmen. Meine Eltern entschieden zwar damals, dass ich die von ihnen bereits finanzierten Studiengebühren in Höhe von mehreren Tausend Euro zurückzahlen müsse. Aber ich war glücklich.

Für mich fühlte sich alles wie eine endgültige Befreiung an. Doch es sollte eine große Herausforderung werden. Eine Herausforderung, der sich so ziemlich alle Menschen stellen müssen, die den Schritt in die Hauptberuflichkeit im Network-Marketing-Business gehen.

Meine Rechnung war die folgende: Wenn ich nebenberuflich 3500 US-Dollar verdient habe, dann müssten das nun beim Einsatz der dreifachen Zeit über 10000 US-Dollar im Monat sein. Doch ich hatte die Rechnung ohne den Wirt gemacht, und die Sache hatte tatsächlich einen Haken. »Hauptberufler« zu sein und somit eine Menge Zeit zur Verfügung zu haben, reicht alleine nicht aus. Die Herausforderung ist die, diese verfügbare Zeit auch sinnvoll zu nutzen beziehungsweise sie mit Einkommen produzierenden Aktivitäten zu füllen – mit Produktpräsentationen oder Sponsorgesprächen.

Du wirst im Network-Marketing nicht dafür bezahlt, acht oder zehn Stunden am Tag Zeit zur Verfügung zu haben, sondern dafür, die zur Verfügung stehende Zeit auch auszunutzen

Das hätte ich auch gerne getan, aber es fehlten damals der professionelle Aktivitätenplan für meinen Tag und das Kontaktpotenzial für neue Interessenten. Das heißt also, bei mir änderte sich erst mal gar nichts an der Arbeitsweise und an meinen Aktivitäten, außer dass ich nicht mehr in die Bank und zum Studium musste.

Das ist eine Situation, die sicherlich den Profis unter meinen Lesern bekannt ist. Aber insbesondere den Neulingen und denen, die mit dem Gedanken spielen, ihr Business hauptberuflich zu betreiben, möchte ich zurufen: Jemand, der »nur« drei Stunden am Tag zur Verfügung hat und diese clever nutzt, wird mit Sicherheit bessere Ergebnisse erzielen als der oder diejenige, die acht bis zehn Stunden hat, diese aber nur »absitzt«.

Aus dem ultraeffektiven Danien Feier, der nebenberuflich wie ein Uhrwerk funktioniert hatte und die drei bis vier freien Stunden am Tag sehr effizient zu nutzen wusste, war nun auf einmal der ineffiziente Hauptberufler geworden, der versuchte, den Tag künstlich zu verkürzen, indem er später aufstand, sich irgendwelchen

Alibitätigkeiten widmete und nicht wusste, was er machen sollte. Die Situation war also alles andere als positiv, denn ich setzte mich selbst unter unheimlich großen mentalen Druck, weil ich dachte, ich müsse *jeden* auf das Business ansprechen. Wer sich ein bisschen auskennt, kann sich sicherlich vorstellen, wie massiv ich zu diesem Zeitpunkt an mir und meiner Einstellung arbeiten musste. Ich musste echt kämpfen.

Denn eine positive Einstellung ist bekanntlich in jedem Geschäft die Grundlage, um erfolgreich zu sein. Aber kein Business der Welt lebt so sehr von den Emotionen und der Begeisterung der Menschen, die es betreiben, wie Network-Marketing. Gute Stimmung verkauft, gute Stimmung rekrutiert, und gute Stimmung ist die Grundlage einer jeglichen geschäftlichen Expansion. Menschen schließen sich nur anderen Menschen an, wenn diese gut drauf sind. Ich versuchte also alles nur Erdenkliche, um mich wieder in eine positive Grundstimmung und einen Flow zu bringen. Ich arbeitete wie besessen und wollte mich der Situation nicht geschlagen geben.

Das war wieder so eine Prüfung! Wirklich, ich bin mir sicher, zwischendurch werden wir immer mal wieder geprüft, als ob »jemand« sehen will, ob wir es wirklich ernst meinen mit unseren Vorhaben.

Und sei Dir sicher, lieber Leser, falls auch Du im Moment wieder mal geprüft wirst, falls Du in einer anspruchsvollen Situation steckst oder gerade kein Licht am Ende des Tunnels siehst – egal ob finanziell, gesundheitlich oder familiär: Ich weiß, wie das ist, ich bin in Gedanken bei Dir und hoffe inständig, dass Du Dein Ding machst. Egal wie schwierig die Situation ist – auch sie geht vorbei!

Kleiner Hörbuchtipp
Jerry Clark: Murphy's Komitee
Ein tolles Audio zu genau dem angesprochenen Thema!

Du musst wissen: Wenn Du im Network-Marketing bist und jeden Tag an Deinen Träumen und Zielen arbeitest und Dich nicht ablenken und unterkriegen lässt, dann kommst Du am Erfolg nicht vorbei. Zieh es durch, ich bin stolz auf Dich!

Vielleicht klingt das nicht besonders sexy, was ich hier sage. Aber wir werden eben nicht dafür bezahlt, wenn es gut läuft. Wenn alle zu unserer Idee Ja sagen, wenn uns alle lieb haben oder wenn die Sonne scheint. Dann kann jeder Business machen, denn dann ist es leicht. Wir werden dafür bezahlt, die Situationen durchzustehen, in denen es nicht so gut läuft, wir aber trotzdem unbeirrt unserem Weg folgen.

Auf Abwegen

Es ist leider eine Tatsache, dass im sprichwörtlichen Sinne viele Gefahren am Rand des Weges lauern, und so sollte auch ich nicht davon verschont bleiben, in eine »Ablenkungsfalle« zu tappen und mich von Oberflächlichkeiten blenden zu lassen.

Auf einer unserer Geschäftspräsentationen gab es ein neues Gesicht, einen Kollegen mit südländischem Aussehen, der mit sage und schreibe 35 neuen Gästen an der Veranstaltung teilnahm. Ich konnte es wirklich kaum glauben, wie es möglich sein sollte, auf ein einziges Meeting so viele neue Gäste gleichzeitig einzuladen.

Ich selbst hatte mein bisheriges Einkommen hauptsächlich damit aufgebaut, dass ich Kunden für unsere Produkte gewann. Zwar hatte ich auch den einen oder anderen Businesspartner in meinem Team, den ich gesponsert hatte, doch das alles war noch nicht der Schlüssel für echtes Wachstum.

Eine wirkliche Duplikation, die ja den eigentlichen Charme des Network-Marketing-Geschäfts ausmacht, fand bei mir bis zu diesem Zeitpunkt nicht statt. Kunden und Partner kamen und gingen, und wenn ich es genau nehme, wuchs meine Organisation praktisch nicht. Sie addierte sich so vor sich hin.

Aus diesem Grund interessierte es mich natürlich noch mehr, was dieser Kollege getan hatte, um auf einen Schlag 35 Interessenten auf die Veranstaltung zu bewegen. Ich instruierte meine damalige Freundin, diesen Kollegen in der nächsten Pause anzusprechen und ihn nach seinen Geheimnissen zu befragen.

Genau mit diesem ersten Gespräch begann ein bemerkenswertes Kapitel in meinem Leben, obwohl ich das damals natürlich noch nicht wissen konnte.

Der Kollege kam von einem der damals größten Finanzvertriebe, war bereits sehr erfolgreich und hatte einfach alle seine Kontakte zur Veranstaltung eingeladen, um mit ihnen das Business zu starten. Er hatte eine ausgesprochen gewinnende Art und war ein recht erfolgreicher Unternehmer in seinem eigentlichen Geschäftsfeld. Deswegen fühlte ich mich sehr zu ihm hingezogen. Er hatte echte Strahlkraft, die mich beeindruckte, und außerdem allerlei revolutionäre Ideen, mit denen man das Business voranbringen könne. Diese Ideen hatten meist nichts mit dem klassischen, konventionellen Geschäftsaufbau zu tun, und vielleicht klangen sie genau deswegen für mich so attraktiv.

So zum Beispiel ließ ich mich zu einer Aktion hinreißen, bei der wir mehrere Zehntausend Euro investierten. Wir schalteten überregional Anzeigen, mit denen wir neue Interessenten für das Business gewinnen wollten. Wir suchten einen Investor, der das Ganze finanzierte, eine Dame, die als Telefonistin die Termine legte, und schlussendlich fuhren wir durch Deutschland und führten unsere Veranstaltungen durch.

Aufgrund der Anzeigen nahmen tatsächlich viele Menschen an unseren Geschäftspräsentationen teil. Nur nützte das Ganze recht wenig, weil wir immer noch nicht den eigentlichen Schlüssel zum Erfolg im Network-Marketing erkannt hatten: echte Verbindungen zu Menschen aufzubauen und ihnen die Augen zu öffnen für die Möglichkeiten unseres wundervollen Geschäfts. Stattdessen ließen wir es bewusst so aussehen wie einen »Job«, um uns die Arbeit zu erleichtern, wir verschwiegen die Partnerfirma und dass es sich um ein Network-Marketing-Modell handelte. Wir wollten Vorurteilen und negativen Einstellungen gegenüber unserer Branche einfach aus dem Weg gehen, anstatt damit umgehen zu lernen und den Menschen zu helfen, eine neue Sichtweise zu entwickeln.

Auch eine andere Idee traf bei mir kurzzeitig ins Schwarze: Wir hielten unsere Geschäftspräsentationen nicht mehr in normalen Hotels ab, sondern in besonders luxuriösen Häusern, um Gäste von anderer Qualität anzuziehen. Doch der Zauber sollte nicht lange anhalten, denn selbstverständlich wird mit der Hotelkategorie die Qualität der Gäste nicht besser – lediglich die Rechnung wird höher.

Damit keine Missverständnisse aufkommen: Ich liebe tolle Hotels und Meetings an solchen Orten, doch sie waren garantiert nicht die Lösung unseres Problems.

Das Ergebnis dieser Aktion war unter dem Strich, dass wir nach ein paar Monaten insgesamt 35 000 Euro ärmer waren, sich aber uns so gut wie keine Menschen angeschlossen hatten, mit denen wir unser Business nachhaltig nach vorn bringen konnten.

Die Erkenntnis aus dieser Zeit: Wir haben versucht, Abkürzungen zu gehen. Und wurden dabei abgekürzt.

Geld mildert die Folgen von Inkompetenz nicht. Es verstärkt sie

Ich bin auf diese Irrund Umwege bestimmt nicht stolz, aber ich erzähle diese Geschichte an dieser Stelle trotzdem so detailliert, weil es in unserer Branche immer wieder einmal schlaue, fantasievolle und auch kreative Köpfe gibt, die durch »revolutionäre Ideen« und selbst erfundene Arbeitsweisen eigentlich alles nur durcheinanderbringen.

Glaube mir bitte, ich bin den ganzen Weg schon gegangen und habe Fehler gemacht, die Du nicht mehr machen musst.

Das Learning aus dieser Sache ist: Wenn man auf Inkompetenz noch Geld »draufwirft«, dann erhält man nicht unbedingt ein besseres Ergebnis, sondern die Inkompetenz kommt dadurch nur noch stärker zum Tragen.

Ironischerweise hat unsere Inkompetenz und nahezu Unfähigkeit, unser Geschäft aufzubauen, uns eine unglaublich tolle und lustige Zeit beschert, auch aufgrund der Persönlichkeiten, mit denen wir zusammentrafen, und des Teams. Wir haben in dieser Zeit tatsächlich mehrmals Tränen gelacht, weil wir einfach so verzweifelt waren und nicht wussten, wie wir es tun sollten. Wir haben das Ganze mit Humor gesehen. Aber geschäftlich war es ein echtes Desaster, und auch unser Investor fand es gar nicht so lustig.

Falls Du also schon im Network-Marketing tätig sein solltest,

Du wirst nicht dafür bezahlt, dass Du das Rad neu erfindest

kann ich Dir an dieser Stelle von Herzen nur den einen Tipp geben: Halte Dich an das, was Deine Führungskräfte und Mentoren Dir sagen, lerne ausschließlich von den Erfolgreichen und erfinde das Rad nicht neu. Beachte die vorgegebenen Erfolgsstrategien und Regeln, denn niemand verlangt von Dir, dass Du einen Erfinderpreis gewinnst. Alles, was Du brauchst, ist bereits da und tausendfach erfolgserprobt.

Was mich betrifft, sollte es allerdings nicht bei diesem »Lehrgeld« bleiben, sondern die Reise ging tatsächlich für eine gewisse Zeit in eine andere Richtung weiter. Der erwähnte Kollege war durch seine Erfahrungen sehr kompetent, was Immobilien betraf, und dadurch, dass ich nun öfter mit ihm in Kontakt kam, wurde ich immer mehr in das Thema involviert. Außerdem war er in diesem Bereich tatsächlich schon lange supererfolgreich und führte mehr oder weniger das Leben, das ich auch gern gehabt hätte. Auch dadurch, dass unsere »revolutionären Aktivitäten« zur Gewinnung von neuen Geschäftspartnern im Network-Business nicht den durchschlagenden Erfolg brachten, war ich anfällig für neue Ideen von außen.

So kam es schließlich dazu, dass wir gemeinsam eine Immobilienfirma gründeten und ich mich mit dem Vertrieb von individuell geplanten Immobilien zu beschäftigen begann. Mein Network-Marketing-Business plätscherte zwar noch ein wenig vor sich hin, aber mein Schwerpunkt verlagerte sich immer mehr in Richtung Immobilien. Diese Neuorientierung war sicherlich auch der Tatsache geschuldet, dass ich glaubte, dort gutes Geld verdienen zu können, indem ich mich an jemand Erfolgreichen »dranhängte«.

Dadurch, dass ich damals den Fokus verlor und mich sage und schreibe vier Jahre in der Immobilienbranche verirrte, kam ich natürlich in meinem MLM-Business nicht gerade vorwärts. Ich hatte zwar noch immer meinen Traum, aber dieser sollte warten, bis mich eine weitere Fügung des Schicksals wieder auf den rechten Weg zurückführen würde. Dennoch muss ich anmerken, dass ich auch in dieser Zeit viel gelernt habe. Ich denke, im Leben lernt man jeden Tag, und alles wird zu Deiner eigenen Story. Und am Ende des Tages verbinden sich die Punkte.

Ohne an dieser Stelle konkreter darauf einzugehen, möchte ich kurz anmerken, dass mein damaliger Geschäftspartner und ich irgendwann nicht mehr dieselben Ansichten vertraten und aus diesem Grund meine Motivation sehr stark nachließ.

Zu diesem Zeitpunkt war die Situation ziemlich anspruchsvoll für mich, denn ich hatte mir mehr erhofft. Aber immer wenn eine Tür im Leben zugeht, geht woanders eine neue Tür auf, und irgendwie war genau diese Situation notwendig, damit ich mich weiterentwickeln konnte. Tja, ich war der festen Überzeugung, dass Probleme und Herausforderungen immer wieder die Möglichkeit zu persönlichem Wachstum bieten. Es ist zwar im Moment der Niederlage nicht immer leicht zu erkennen, aber rückblickend betrachtet, können sicher viele Menschen genau wie ich bestätigen, dass in Problemen gleichzeitig immer noch größere Chancen verborgen liegen. Wenn man sich doch dessen jeweils eher bewusst wäre ...!

Genau zu dem Zeitpunkt, als die Situation ein wenig perspektivlos erschien, hatte ich das intensive Bedürfnis, nach sehr langer Zeit endlich wieder Urlaub zu machen. Ich musste einfach mal raus und entschied mich für einen Kurztrip nach Dubai. Ich hatte schon so viel Unglaubliches von diesem Wüstenstaat gehört, dass ich es nun unbedingt selbst erleben und mit eigenen Augen sehen wollte.

Wer das Emirat kennt und schon einmal dort war, der kann sicher nachempfinden, dass ich total geflasht war. Eine Mischung aus Tausendundeiner Nacht und dem Land der unbegrenzten Möglichkeiten, alles neu, alles modern, alles anders und alles um Welten größer und visionärer, als ich es aus meiner Heimat gewohnt war. Das perfekte Land, um wirklich groß denken zu können.

Dort angekommen, hörte ich durch »Zufall« von einer Network-Marketing-Veranstaltung, nämlich dem Direct Selling Festival. Wer mich kennt, kann sich vorstellen, dass ich sofort nur eines im Sinn hatte. Dubai und Direct Selling Festival, das schien eine sehr attraktive Kombination zu sein, und ich entschied, dass ich mir das unbedingt ansehen musste.

Die Entscheidung, an diesem Event teilzunehmen, sollte sich als goldrichtig herausstellen. Auf dem Direct Selling Festival angekommen, fühlte ich mich ungefähr wie Alice im Wunderland, denn an jeder Ecke gab es Gelegenheiten. Alte und neue MLM-Companies waren vertreten, und an jedem Stand traf man nette Repräsentantinnen und Repräsentanten der Firmen, die um die Aufmerksamkeit und die Gunst der Besucher warben.

Nachdem ich mich ein bisschen umgesehen und das eine oder andere Gespräch geführt hatte, landete ich schließlich am Stand einer Company, die gerade im Mittleren Osten expandieren wollte.

Ein kleine asiatische Dame sprach mich in sehr freundlichem Englisch an und schrieb irgendetwas von 100000 US-Dollar und »Dubai License« auf einen kleinen Zettel. Wahrscheinlich habe ich etwas skeptisch geschaut, und in dem Moment, als ich mich von ihr freundlich verabschieden wollte, zeigte sie mir doch tatsächlich ihren letzten Monatsscheck über 55000 US-Dollar.

Ich traute meinen Augen nicht und war echt überwältigt, denn dieser kleinen, zierlichen Frau hätte ich so was überhaupt nicht zugetraut.

Noch im selben Moment zog ich mein Blackberry aus der Tasche und schrieb ohne nachzudenken eine SMS an meinen Geschäftspartner in der Immobilienfirma.

Die SMS lautete: »Ich bin raus!«

Dies war definitiv das Ende. Ich wusste nun: Network-Marketing war mein Weg, und von diesem Weg würde mich niemand mehr abbringen, es gab einfach keine andere Option mehr für mich.

Ich war zu diesem Zeitpunkt zwar immer noch bei meiner alten MLM-Company eingeschrieben, aber auf diesem Festival wurde mir eines klar: Ich brauche unbedingt jemanden, der wusste, wie es geht, ich brauchte einen direkten Mentor, der mir das Geheimnis der Duplikation und eines solchen Top-Einkommens erklären konnte.

Ich brauchte niemanden, der in den 1980er-Jahren ohne Internet, ohne technische Möglichkeiten und ohne Social Media irgendwann mal ein Oldschool-Business aufgebaut hatte und auf Meetings immer nur die alten Geschichten von früher erzählte.

Sondern ich brauchte jemanden, der wusste, wie Erfolg in der Gegenwart funktionierte. Jemanden, der im Builder-Modus war und der nachweislich aktuell gerade eine große Organisation aufbaute. Ich war mir sicher, mit der richtigen Mentorship den Code für Duplikation knacken zu können.

So machte ich mich schließlich auf die Suche und fand eine brandneue Company, die ihre geschäftlichen Aktivitäten in Deutschland gerade frisch gestartet hatte. Ich nahm Kontakt zu einem Partner der ersten Stunde auf, von dem ich dachte, dass er der optimale Mentor für mich sein könnte. Ich war voll auf das Thema Personal Growth und Lernen gepolt – auch wenn sich bald herausstellen sollte, dass diese Company nicht die richtige war, weil es hier schon bald Unstimmigkeiten gab.

Nach einer sehr kurzen Zeit, es dürften ein paar Wochen gewesen sein, rief mich meine Upline an und teilte mir mit, dass wir nun woanders hingehen würden, da die Company nicht das hielt, was sie versprochen und in Aussicht gestellt hatte.

Sicher war das keine befriedigende Situation für mich, aber ich hatte in den wenigen Wochen so viel gelernt wie niemals zuvor. Vor allem was meine Skills betraf, hatte ich große Fortschritte gemacht. Von meiner Upline lernte ich insbesondere, wie man professionell telefoniert, und verlor zu dieser Zeit komplett meine Angst vor dem Telefon.

Was ich zur damaligen Zeit noch gelernt habe, waren das Thema Storytelling und das Kreieren von Gelegenheitsfenstern. Während ich bisher meine Produkte einfach angeboten und deren Vorteile angepriesen hatte, lernte ich nun das Verkaufen durch Erzählen von Geschichten. Ich begriff, dass es nicht darum geht, jemandem etwas »aufzuschwatzen«, was er oder sie gar nicht will, sondern dass es einen viel edleren Weg gibt, einen Sale zu platzieren. Eben durch Storytelling. Niemand bekommt gerne etwas verkauft, aber fast alle Menschen kaufen gerne. Wenn die Gelegenheit passt und die Story emotional berührt – dann kauft der Mensch sehr, sehr gerne. Das zu erleben war ausgesprochen beeindruckend.

Meine Erkenntnis:
Verkaufen = Geschichten erzählen/Storytelling

Bei dem neuen Unternehmen ging es nun auch wirklich schneller vorwärts, und ich schaffte es innerhalb der ersten achtzehn Monate, einen Scheck von 6000 Euro monatlich aufzubauen.

Doch leider sollte der Erfolg auch nicht von langer Dauer sein, denn die neue Company war mehr oder weniger ein inhabergeführtes Start-up, das leider aufgrund mangelnder Integrität der Menschen »hinter« dem Unternehmen nicht funktionierte.

Ich wünsche es niemandem, was ich damals tatsächlich miterleben musste: wie ein für damalige Verhältnisse relativ hoher Einkommens-Scheck einfach so geplatzt ist. Der Moment, in dem Du Deinem

Banker stolz den Scheck zur Einlösung vorlegst und er Dir feinfühlig versucht klarzumachen, dass dieser nicht gedeckt ist, ist schon etwas Besonderes. Diese sehr spannende Erfahrung kann man, glaube ich, mal machen, man muss es aber nicht unbedingt!

Auch was die Firma angeht, war der geplatzte Scheck der Anfang vom Ende, aber ich erspare Dir, tiefer in dieses Thema einzusteigen. Der Vollständigkeit halber will ich an dieser Stelle bloß erwähnen, dass es sehr viel Trouble für mich gab und die Company schlicht und ergreifend insolvent war.

Nun stand ich wieder da, und über Nacht war alles auf null gesetzt. Ich hätte sicher die Flinte ins Korn werfen können, nur: Was hätte mir das genutzt? Also stellte ich alle Antennen auf Empfang, hielt Augen und Ohren offen und versuchte nach vorne zu schauen. Denn wie heißt es so schön: »Gib mir die Kraft, Dinge zu ändern, die ich ändern kann. Gib mir die Gelassenheit, Dinge hinzunehmen, die ich nicht ändern kann. Und gib mir die Weisheit, das eine vom anderen zu unterscheiden.« Da ich an der Situation durch eigenes Zutun nichts ändern konnte, nahm ich sie, wie sie war, akzeptierte sie und blickte wieder in Richtung Zukunft.

Es gab zum damaligen Zeitpunkt ein amerikanisches MLM-Unternehmen, bei dem ich sehr, sehr gerne gestartet wäre, aber diese Firma war ausschließlich in den USA tätig. Die wollten zum damaligen Zeitpunkt einfach noch nichts mit Europa zu tun haben.

So kam es, dass ich mich einer Firma anschloss, die eigentlich nur »zweite Wahl« war. Und ich musste miterleben, dass bereits nach achtzehn Monaten auch hier wieder Ungereimtheiten passierten. Produktauslieferungen kamen erst nach langer Verzögerung an, Pakete waren geöffnet worden, und die Erstellung der Provisionsschecks verspätete sich immer öfter. Ich wurde das seltsame

Gefühl nicht los, dass dieselben Kräfte am Werk waren, die ich schon aus der Vergangenheit kannte, und dass die Company irgendwie in Schwierigkeiten war.

Aufgrund dieser Ungereimtheiten nutzte meine damalige Upline kurzerhand die Gelegenheit und flog persönlich nach Florida, um ein klärendes Gespräch mit dem Firmeninhaber zu führen. Dieses Gespräch fand dann auch statt, und wir mussten erkennen, dass wir leider wieder auf ein »sinkendes Schiff« gesetzt hatten. Nicht weil das Schiff nicht gut war, sondern weil sein »Kapitän«, also der Firmeninhaber, persönliche Probleme hatte und diese wiederum unmittelbare negative Auswirkungen auf die Firma hervorriefen.

Durch diese zugegebenermaßen etwas komischen, aber nicht gerade motivierenden Erlebnisse möchte ich aufzeigen, dass es oftmals Dinge zwischen Himmel und Erde gibt, die man leider nicht persönlich beeinflussen kann. So akzeptierte ich auch diese Situation vorerst. Mit allen mir persönlich zur Verfügung stehenden Mitteln, mit voller Loyalität und mit ungebrochenem Einsatz setzte ich meine Aktivitäten noch weitere sechs Monate fort. Ich war einer der größten Fans, die man sich überhaupt vorstellen kann, und hielt die Unternehmensflagge ganz hoch, in der Hoffnung, bald den Turnaround zu erleben. Da ich gelernt hatte, als Leader die volle Verantwortung zu übernehmen, war ich der festen Überzeugung, allein durch meinen Einsatz und meine Ergebnisse eine Verbesserung herbeiführen zu können.

Aber ich sollte mich täuschen. Die Bedingungen verschlechterten sich von Woche zu Woche, und die Zeichen, dass sich die Firma eher im Untergang befand, als dass sie wuchs, konnte selbst der damals vielleicht loyalste Vertriebspartner Danien Feier nicht übersehen.

Die Einsicht, wieder auf das falsche Pferd gesetzt zu haben, kam, ehrlich gesagt, fast zu spät, aber immerhin noch früh genug, um nicht selbst massiven finanziellen Schaden zu nehmen und mit dem

Unternehmen unterzugehen. Meine Erkenntnis aus diesen Tagen: Wenn Du merkst, dass Du ein totes Pferd reitest, steig ab und such Dir ein neues!

Wie man sich vorstellen kann, war ich zwar nicht gerade begeistert von dieser Situation, aber ich tat das einzig Mögliche: Ich verließ das sinkende Schiff.

Sechs Wochen später war das Unternehmen insolvent und komplett »out of business«.

Der Zauber des Neubeginns

Nach diesem Desaster und diesen turbulenten Zeiten sollte sich dann endlich wieder Licht am Ende des Tunnels für mich zeigen. Ich hatte ja schon seit Längerem diese US-amerikanische MLM-Company im Auge, die ich so unglaublich motivierend und anziehend fand. Aber bis dato hatte ich nur die Information, dass dieses Unternehmen seine Aktivitäten nicht nach Europa oder auf den deutschsprachigen Raum ausweiten würde.

Mehr oder weniger auf Umwegen erfuhr ich durch Zufall davon, dass es wohl doch eine Entscheidung der Firmenführung gab, nach Europa zu kommen, und davon, dass sie auch in Deutschland starten würden. Ich war mehr als begeistert und wollte natürlich keine Zeit verlieren. Umgehend nahm ich Kontakt mit der Nummer eins dieses Unternehmens auf, dem Top-Distributor in den USA, um erste Informationen zu erhalten.

Doch was ich damals erlebte, konnte ich gar nicht richtig glauben, denn genau dieser Mensch schien keinerlei Interesse an einem Kontakt mit mir zu haben. Das muss man sich echt mal auf der Zunge zergehen lassen. Da gibt es diesen »Selbststeller« Danien Feier, der ist hochgradig motiviert, begeistert und will unbedingt bei diesem Unternehmen und mit diesem Top-Networker zusammenarbeiten – und genau dieser Top-Networker reagiert überhaupt nicht!

Ich zog alle Register, ihn zu erreichen, aber es war mir unmöglich, an seiner Sekretärin vorbeizukommen und ihn ans Telefon zu kriegen. Auch meine Bitte um Rückruf wurde mehrfach komplett ignoriert. Dieser Typ schien entweder völlig verrückt zu sein, oder er hatte es einfach nicht mehr nötig.

Heute weiß ich, dass das Letztere der Fall war, denn wir sprechen bei diesem Networker nicht von der Oberliga, sondern von der absoluten Champions League der Branche. Dieser Mann hatte damals schon mehr als eine Million Geschäftspartner in seiner Organisation und ein geschäftliches Level erreicht, auf dem er ausschließlich noch mit seinen Führungskräften kommunizierte. By the way, mittlerweile hatte ich das Glück, diesen Mann auch mal persönlich kennenzulernen, in Hawaii am Strand bei einem abendlichen Dinner einige Jahre später. Als ich ihm diese Geschichte erzählte, sagte er auf die Frage, warum er mich damals nicht zurückgerufen habe, mit einem Lächeln: »I never built my business outside of the US …« ☺

Aber zurück in die Zeit, in der ich unbedingt Partner dieses Unternehmens werden wollte. Ich suchte weiter und hatte tatsächlich Glück. Ich fand den jüngsten Einkommensmillionär der Company, und das sollte ein solcher Volltreffer für mich sein, wie ich es gar nicht erwartet hatte.

Er war zum damaligen Zeitpunkt 26 Jahre alt und hatte ein kaum vorstellbares Jahreseinkommen von sage und schreibe einer Million US-Dollar!! So was hatte ich vorher noch nie gehört. Ich setzte mich umgehend mit ihm in Verbindung, in der Hoffnung, von ihm die Geheimnisse des Erfolges zu erfahren. Bei diesem Verdienst musste der Kerl irgendetwas richtig machen. Bloß was?

Du kannst Dich sicherlich erinnern, dass ich mir geschworen hatte, einen Mentor zu suchen, der mir das Geheimnis der Duplikation erklären kann! Und was noch wichtiger war, dass ich mir vorgenommen hatte, in Bezug auf Werte und Geschäftsethik nie wieder halbe Sachen zu machen oder faule Kompromisse einzugehen. Ich wollte einfach nie wieder mit Menschen zusammenarbeiten, für die Integrität ein Fremdwort ist!

Und wie Du ja schon weißt: Ich wollte unbedingt jemanden, der sich noch im aktiven Aufbau seiner Organisation befand. Es sollte also kein Networker sein, der sich sein Business irgendwann vor zehn oder zwanzig Jahren aufgebaut hatte, von passivem Einkommen lebte und nur noch repräsentativ tätig war.

Nicht dass ich keinen Respekt vor solchen Playern hätte, ganz im Gegenteil! Am Ende ist es ja genau das, wovon wir alle träumen, nämlich irgendwann einmal passives Einkommen zu generieren und nur noch die persönliche Geschichte zu erzählen, »wie man es geschafft hat« …! ☺ Der Haken dabei ist allerdings der, dass solche Personen meist nicht mehr im Tagesgeschäft aktiv sind und deshalb nicht mehr das Handwerkszeug beherrschen, das man braucht, um das Business unter heutigen, modernen und zeitgemäßen Gesichtspunkten aufzubauen.

Genau das brauchte ich aber und war deswegen auf der Suche nach jemandem, der wirklich aktiv war, mit dem ich mich identifizieren und von dem ich lernen konnte.

Der Mann, der wirklich alle diese Kriterien ausnahmslos erfüllte und den ich Dir an dieser Stelle vorstellen möchte, ist mein »Bro« Calvin Becerra aus Kalifornien. Ihm habe ich geschäftlich wirklich sehr viel zu verdanken und bin froh, dass ich ihn nicht nur Sponsor und Geschäftspartner, sondern mittlerweile wirklich einen sehr guten Freund nennen darf.

Ich kontaktierte ihn und erklärte ihm erst einmal, aus welcher Ecke von »good old Germany« ich kam. Das war damals Wuppertal, wohin ich mittlerweile gezogen war. Daraufhin antwortete er spontan, dass er nächste Woche auf einem Business-Opportunity-Meeting in Köln sei.

Das konnte doch kein Zufall sein?! Er hatte es noch nicht richtig ausgesprochen, da überkam es mich wieder. Genau dieses Gefühl, das ich das erste Mal hatte, als ich in Dubai aus dem Flieger stieg und mir sicher war, dass ich dort einmal leben will.

Genauso war es bei ihm, es war wie ein Déjà-vu für mich. Wir hatten noch keine zwei Sätze miteinander gesprochen, da war mir absolut klar: Der Typ ist es. Ich fragte ihn, was er im letzten Jahr verdient habe, und als er mir antwortete: »Eine Millionen US-Dollar«, gab es für mich kein Halten mehr. Auf meine Frage, wie er das gemacht habe, war seine kurze, aber unmissverständliche Antwort: »Bro, you need a system.«

Okay, dass ich ein System brauchte, das hatte ich vorher auch schon gehört. Im Network-Marketing sprechen ja alle irgendwie davon, dass man ein System braucht, nur wusste ich bis jetzt nicht, was für ein System. Ein Kundensystem, ein System, wie man Kontakte macht, ein System, wie man seine Geschäftspartner einarbeitet, ein Schulungssystem? »System« war ein weit dehnbarer Begriff, und irgendwie kreierte jeder, der sich für einigermaßen schlau hielt, sein eigenes System mit seiner eigenen Philosophie. Jeder machte irgendetwas anderes.

Die Wahrheit ist, ein System darf nicht von jemandem geschaffen werden, der besonders schlau ist, ein MLM-Erfolgssystem kann nur von Top-Leadern geschaffen werden, nämlich von den Menschen, die Erfolge vorweisen können und die durch ihre Arbeitsweise tatsächliche, abrechenbare Ergebnisse und Duplikation kreiert haben.

Das Gespräch mit Calvin Becerra in Köln war wieder so ein Meilenstein für mich, es war absolut mind-blowing, denn dieser Kerl war mit seinen 26 Jahren so was von weit gekommen und reif, klar und strukturiert, dass ich schwer beeindruckt war. Er war aber nicht nur klar und strukturiert, sondern das, was er mir erklärte, das, was er unter einem System verstand, war auch noch so was von einfach, dass ich in unserem ersten Gespräch Probleme hatte, es zu verstehen.

Hier kam wieder mein altes klassisches Muster durch, das ich an vorangegangener Stelle im Buch schon mal erwähnt habe. Du erinnerst Dich? Ich hatte davon gesprochen, dass viele Menschen in der heutigen Zeit an nichts mehr glauben können, dass sie desillusioniert sind. Ich hatte aber auch von Menschen gesprochen, die einfach zu schlau sind, die zu viel wissen und die schon zu smart sind, um zu verstehen, dass es einfach ist.

Genauso ging es mir zum damaligen Zeitpunkt. Ich hatte schon so viel ausprobiert, ich hatte schon so viel erlebt, und so vieles hatte nicht funktioniert. Deshalb konnte ich gar nicht mehr glauben, dass es so simpel sein sollte.

> *Du brauchst ein System!*
> *Es muss einfach zu verstehen,*
> *einfach umsetzbar*
> *und einfach schulbar sein*

Calvin erklärte mir, dass ein System einfach zu verstehen, einfach umsetzbar und einfach schulbar sein muss, und die Krönung unserer Unterhaltung war dann sein Fünfstufenplan zur Duplikation.

In diesem Gespräch ist bei mir endgültig der Groschen gefallen. Mit dem Unternehmen wollte ich ja sowieso zusammenarbeiten, denn es war die Company meiner Wahl, und mit diesem Jungen als Mentor konnte ich mich zu hundert Prozent identifizieren. Es passte nicht nur menschlich zwischen uns, sondern ich wusste, dass ich von diesem Leader einiges lernen konnte. Er hatte in seinem blutjungen Alter genau die Ergebnisse und die geschäftlichen Erfolge, die ich mir immer erträumt hatte, und er besaß ein System für Duplikation. Den heiligen Gral für jeden Networker.

Network-Marketing wieder fühlen

Was dann in den nächsten Wochen passierte, lässt sich mit Worten nicht beschreiben. Es ist in den MLM-Geschichtsbüchern ein für alle Mal verewigt.

Es war der Beginn unserer heutigen Organisation und absolut unvorstellbar crazy. Ich hatte ja bis zu diesem Zeitpunkt schon echt viel erlebt, und auch in den Companies davor hatte ich mit dem Business verhältnismäßig gut verdient. Dabei handelte es sich bis dato aber immer »bloß« um ein Business, so richtig mit vollem Herzen und Gefühl wie beim allerersten Mal mit achtzehn Jahren war ich schon lange nicht mehr dabei.

Doch jetzt kam mir plötzlich alles wieder vor wie am Anfang, nur war ich nicht mehr unbedarft und unerfahren, sondern kraftvoll. Ich hatte zum ersten Mal wieder den Eindruck, dass ich Network-Marketing richtig spüren konnte, ich konnte es fühlen und es war überall. Es war in meinem Kopf, es war in meinem Bauch, und ich spürte es in jeder Zelle meines Körpers. Mein Gefühl sagte mir unmissverständlich, dass ich genau zur richtigen Zeit am richtigen Ort war, und ich wollte diese, ich möchte fast sagen historische, Situation nutzen.

Das System, mit dem wir arbeiteten, war so einfach, alles war selbsterklärend. Man muss sich das ungefähr folgendermaßen vorstellen: Immer wenn man ein technisches Gerät kauft, gibt es dazu eine umfangreiche Bedienungsanleitung. Diese Bedienungsanleitung ist ein unheimlich dickes Heft mit vielen hoch komplizierten Ausführungen und Erklärungen, die kaum jemand versteht. Studien haben gezeigt, dass die Bedienungsanleitung von lediglich 2 Prozent der Menschen gelesen wird, die restlichen 98 Prozent sind komplett überfordert oder nicht interessiert. Eine solch unverständliche Bedienungsanleitung hatten wir nicht!

Zu jedem technischen Gerät gibt es aber alternativ zur Bedienungsanleitung ein »Quick Start Manual«, und darin werden lediglich die wenigen Punkte erklärt, die wichtig sind, um dieses Gerät turboschnell in Betrieb zu nehmen. Dieses »Quick Start Manual« wiederum liest wirklich fast jeder, und genau ein solches Manual hatten wir nun für unser Business.

Unser »Quick Start Manual« beinhaltete fünf einfache Punkte, mit denen wir Duplikation erzeugten

Es war unser »Network-Marketing-Business Quick Start Manual« und beinhaltete genau fünf einfache Punkte, mit denen wir eine Duplikation erzeugten, wie ich sie vorher noch nie erlebt hatte.

Unsere fünf Punkte zur Duplikation sahen so aus:

1. *Kit (Registriere Dich)*
2. *Case (Bestell Deine Produkte)*
3. *Autoship (Aktiviere Deine monatliche Belieferung)*
4. *Star (Registriere zwei Personen)*
5. *Star-Maker (Hilf den beiden, das Gleiche zu tun)*

Kaum zu glauben, aber das war wirklich alles!

Mein damaliges Ziel lag glasklar auf der Hand, ich wollte wieder richtig durchstarten.

Ich machte also selbst die ersten drei Schritte innerhalb meiner ersten zehn Minuten im Business, und mein Plan war es, das Ganze mit hundert Menschen zu testen. Mit mindestens hundert und mit keinem einzigen weniger.

Ich registrierte mich mit dem größten Paket, schrieb mir dann schnell eine Kontaktliste und einen kurzen Telefonleitfaden, und dann ging es auch schon richtig los. Ich musste nicht mehr überlegen, denn ich hatte gefunden, wonach ich so lange gesucht hatte! Ich war wieder naiv genug, um zu telefonieren wie ein Wahnsinniger, und mir klingen meine Worte noch heute im Ohr.

Immer wieder wählte ich die nächste Nummer und wiederholte mantraartig folgende Sätze:

Hi, hier ist Danien. Du weißt, dass ich bereits seit Jahren versuche, im Network-Marketing erfolgreich zu werden, korrekt? Okay, ich weiß nicht genau, wie deine Meinung zu diesem Thema ist. Aber sicherlich hast du dich auch schon einmal gefragt, wie es sein kann, dass manche Menschen sagen, es funktioniert nicht, und es aber andere gibt, und du kennst solche Menschen, die Tausende von Partnern in ihrem Team haben.

Jetzt pass auf.

Du wirst es nicht glauben, aber ich habe persönlich einen Million-Dollar-Earner kennengelernt, und den habe ich befragt: Hand aufs Herz. Ohne Drumherum. Sag mir, wie du das gemacht hast.
Das Krasse ist, er hat es mir erklärt. Er hat es mir schwarz auf weiß gezeigt, und wenn ich dir das zeige, dann drehst du durch.

Wir müssen uns unbedingt sehen, du lachst dich kaputt, es ist so leicht, dass auch du es einfach machen kannst ...!
Wir beide können es machen! Das ist echt der absolute Wahnsinn.
Wann hast du Zeit?

Du wirst es nicht glauben,
aber ich habe persönlich
einen Million-Dollar-Earner
kennengelernt.

Und den habe ich befragt:
Hand aufs Herz. Ohne Drumherum.
Sag mir, wie du das
gemacht hast ...
Wir müssen uns unbedingt
sehen, ***du lachst dich kaputt,***
es ist *so leicht, dass*
auch du es einfach machen
kannst ...!

Das war so ungefähr der Call, den ich hundertmal hintereinander durchzog. Ich erzählte meinem Gesprächspartner, dass ich nun endlich den »geheimen Schlüssel« gefunden hatte, mit dem sich der Network-Marketing-Erfolgscode knacken ließ.

Ich hatte die fünf Punkte für Duplikation und damit den Fahrschein zum Erfolg gelöst. Außerdem hatte ich meinen Sponsor, der mit seinen Resultaten und seiner eigenen wahren Geschichte die Effektivität dieses Systems belegen konnte. Aber ich *erzählte* den Leuten nicht nur einfach davon, dass ich den Schlüssel zum Erfolg gefunden hätte, sondern ich war wirklich beseelt.

Vielleicht kennst Du ja den Spruch: Es gibt Menschen, die betreten einen Raum. Aber es gibt auch Personen, die »erscheinen« förmlich …!

Ich glaube, das Letztere war zu diesem Zeitpunkt bei mir der Fall. Ich bin zwar nicht erschienen, aber ich fühlte Network-Marketing mit jeder Zelle meines Körpers, ich liebte es, und ich war bis in die Zehenspitzen motiviert. Es fühlte sich so an, als würde ich schweben und als ob nichts auf der Welt mich derzeit aufhalten könnte.

Ich möchte Dir damit klarmachen, dass ich am Telefon nicht einfach nur meinen Text aufgesagt habe, sondern ich habe diesen Text geliebt. Ich konnte mich zu 110 Prozent damit identifizieren, weil ich felsenfesten Glaubens war und voll und ganz hinter dem stand, was ich sagte. Und das ist, denke ich, auch der State of Mind, mit dem Erfolg machbar wird. Ich habe nicht deswegen gearbeitet, um nicht zu verlieren, ich habe gearbeitet, um zu gewinnen, das war für jeden, mit dem ich Kontakt hatte, spürbar.

Von den hundert Personen, die ich anrief, sind 34 in der ersten Woche vorbeigekommen. Ich zeigte ihnen Videos vom Produkt und von der Company, ließ sie die Produkte probieren und erklärte schlussendlich meine fünf Punkte zur Duplikation. Danach bewies ich den Plan durch die Story meiner Upline. 7 von 34 sind eingestiegen!

Lasst uns ***Gas geben***
und lasst uns ***auf keinen Fall***
wie die anderen *sein.*

Lasst uns so viel tun
und ***so hart arbeiten***
und einfach die Umstände
erzwingen, dass es
funktionieren
muss.

Dann ***schreiben wir***
gemeinsam ***Geschichte.***

Beim Start gab es nur eine Richtung, und ich kann mich noch gut daran erinnern, was ich damals zu meinen »First Movern« sagte:

Lasst uns Gas geben und lasst uns auf keinen Fall wie die anderen sein. Lasst uns nicht wie diejenigen sein, die wieder aufhören. Und nur für den Fall, dass es wirklich nicht funktionieren sollte: Dann lasst uns so viel tun und so hart arbeiten und einfach die Umstände erzwingen, dass es funktionieren muss. Dann schreiben wir gemeinsam Geschichte.

Diese Zeit war wirklich magisch, und wir kreierten eine echte Start-up-Atmosphäre. Keiner von uns hat darüber nachgedacht, was er tun soll. Wir haben nicht nachgedacht, sondern einfach nur gemacht! Wir waren wie die Hummeln, die nicht wissen, dass sie nach den Gesetzen der Physik eigentlich gar nicht fliegen können. Die Entscheidung war klar. Hundert Tage, hundert Präsentationen. Die vollen hundert Tage lang haben wir das durchgezogen. Es gab nichts anderes zu tun, als tagsüber Personen zu suchen, denen wir unsere Geschichte erzählten, und sie abends auf unsere Präsentation einzuladen. Es gab immer Termine, wir haben kaum geschlafen, die Telefone liefen heiß, und es war einfach alles möglich. Das Einzige, was wir zu tun hatten, war, unsere Story zu erzählen, und das immer wieder und immer wieder. Unsere Geschichte, die Präsentation, Produkte probieren lassen, die fünf Punkte zur Duplikation, die Story der Upline, und dann alles wieder von vorne. So einfach war das.

Alles ging Schlag auf Schlag. Nach nur drei Wochen waren wir bereits über hundert Geschäftspartner im Team, und ich hatte elf direkte Firstlines registriert. Nach vier Wochen bekam ich das erste Mal meinen Scheck in Höhe von 3400 US-Dollar. Das war genauso viel, wie ich in meinem ersten Network-Marketing-Unternehmen bekommen hatte – dort allerdings erst, als ich schon vier Jahre dabei war.

An dieser Stelle stellst Du Dir sicherlich die Frage, wie kann das möglich sein: 3400 Dollar in vier Wochen?

Sicher war dieses Ergebnis der positiven Gesamtsituation geschuldet. Wie schon erwähnt, passte einfach alles. Die Company, die Mentorship, die Produkte, die positiven Rahmenbedingungen, das Rezept für die perfekte Duplikation und nicht zuletzt meine Passion und natürlich die richtigen Aktivitäten.

Nichtsdestotrotz darf man sich aber auch nicht täuschen lassen, denn mir ging es selbst oft so, dass ich beinahe in die »Ungerechtigkeitsfalle« hineingetappt wäre. Oft habe ich mich gefragt, warum das Business ausgerechnet bei anderen richtig gut läuft und bei mir nicht. Oft habe ich mich gefragt, warum die wirklich guten Geschäftspartner immer nur in den Teams der anderen Leader starten und warum es Networker gibt, die in kürzester Zeit Ergebnisse generieren, für die ich Jahre brauchte.

Hier meine Erkenntnis: Einer der wesentlichen Gründe für den damaligen Erfolg war sicher auch, dass ich nicht mehr der Danien Feier war, den Du am Anfang des Buches kennengelernt hast. Ich war einfach nicht mehr der Typ von ein paar Jahre zuvor. Ich war gereift, ich war persönlich gewachsen, ich hatte so viel erlebt und hatte so viele Rückschläge gemeistert, dass ich mich mittlerweile auf einem anderen Level meiner Persönlichkeitsentwicklung befand. Ich besaß nicht nur bessere Skills, sondern ich hatte inzwischen ein absolut lösungsorientiertes Mindset entwickelt, eine »No-Problem-Attitude«. Ich glaube an dieser Stelle sagen zu können, dass ich mich auf der Vorstufe zu einem echten Network-Marketing-Professional befand.

Wenn Du mit diesem Begriff noch nichts anfangen kannst, möchte ich versuchen, es an dieser Stelle zu erklären.

Es gibt Menschen, die steigen im Network-Marketing ein, haben keinen sehr großen Anfangserfolg und geben sofort wieder auf. Andere haben einfach mal kurzzeitig Glück. Aber wenn ihnen das Glück dann eines Tages nicht mehr wohlgesonnen ist und sie Rückschläge erleiden oder die Ergebnisse ausbleiben, hören sie auf.

Diese Gelegenheit aufzuhören hätte ich mehrere Dutzend Male gehabt. Aber im Gegensatz zu vielen Menschen, die an diesem Punkt aufgeben, habe ich das nicht getan. Ich bin immer wieder von Neuem gestartet und habe immer wieder von Neuem Anlauf genommen, denn ich war mir sicher: Meine Zeit wird kommen.

Ein Network-Marketing-Professional ist nicht nur jemand, der immer wieder neu starten kann, sondern er oder sie ist jemand, der die Ergebnisse aus der Vergangenheit nicht nur verwaltet, sondern sie jederzeit wiederholen kann. Er ist jemand, der sein Handwerkszeug beherrscht, sich auf die Entwicklung seiner Fähigkeiten konzentriert und deshalb auch schlussendlich sein Geschäft immer wieder von Neuem aufbauen kann. Egal, was passiert, denn er hat diesen Beruf gelernt. Genauso wie ein Architekt, der immer wieder neue Pläne für ein Haus entwerfen und es nach diesen Plänen bauen kann, genau wie ein Chirurg, der eine bestimmte Operation immer wieder durchführt und dabei besser wird, und genauso wie ein Ingenieur, der einen bestimmten Prozess nicht nur einmal, sondern mehrfach optimieren kann.

Mit meiner mittlerweile langjährigen Erfahrung in dieser Branche kann ich Dir an dieser Stelle also die frohe Nachricht überbringen: Ich bin der festen Überzeugung, dass sich jeder Mensch jeden Tag persönlich weiterentwickeln kann. Und ich bin noch mehr der Überzeugung, ja es ist eine Tatsache: Dieses Business Network-Marketing ist ein Geschäft, das man erlernen kann. Man braucht nur Hunger, Aktivität, Lernbereitschaft und Durchhaltevermögen.

Das »Berufsbild« des Networkers ist zwar kein Ausbildungsberuf im klassischen Sinne, aber es gibt Skills, die jeder erlernen kann, Werkzeuge, die jeder nutzen kann, und ein bestimmtes Erfolgs-Mindset, das sich jeder aneignen kann.

Falls Du Dich also auch schon mal gefragt hast, warum es Menschen gibt, die im Network-Marketing innerhalb von Monaten oder wenigen Jahren das schaffen, wofür Du zehn Jahre gebraucht hast, liegt die Antwort eindeutig auf der Hand. Diese Menschen befinden sich in ihrer Persönlichkeitsentwicklung einfach auf einem höheren

Level, sie agieren auf einer fortgeschritteneren Stufe und sind deshalb in der Lage, Ergebnisse zu erzielen, von denen Du vielleicht aktuell nur träumen kannst.

Sie haben bereits eine Erfolgsgeschichte. Ein anderes Umfeld und anderen Einfluss. Sie haben eine viel stärkere Persönlichkeit aufgebaut und eine bessere Work Ethic entwickelt. Oft haben sie auch bereits starke Verbindungen in der Branche oder manchmal sogar ein bestehendes Team, das sie sich einmal zu einem früheren Zeitpunkt aufgebaut haben.

Erfolg ist das Ergebnis ständiger Weiterentwicklung

Es geht also um nichts anderes als das, was Tony Robbins, der Großmeister der Motivation, so treffend formuliert hat: *constant and never-ending improvement.*

Menschen sehen immer nur das aktuelle Ergebnis von Erfolgreichen, aber nie den Weg dorthin. Menschen sehen den Olympiasieger, aber nicht sein beinhartes Training, Menschen sehen den Start-up-Millionär, aber nicht die Nächte, die er durchgearbeitet hat, Menschen sehen das Supermodel, aber nicht dessen konsequente Ernährungsgewohnheiten. Und genauso sehen Menschen den erfolgreichen Topearner im Network-Marketing, aber nicht die Neins und die Niederlagen, die er erleiden musste.

Ich wurde ja damals auch nicht dafür bezahlt, dass es gerade in dem speziellen Moment gut lief. Wenn man es genau nimmt, wurde ich damals dafür bezahlt, dass ich mich in den Jahren zuvor entwickelt und ständig ausund weitergebildet hatte.

Ich glaube also daran, dass sich Menschen positiv weiterentwickeln können, und möchte an dieser Stelle deshalb die Gelegenheit nutzen, Dir aus vollem Herzen die Worte von Jim Rohn zuzurufen: »Your time will come!«

Egal in welcher Situation Du Dich gerade befindest: »Your time will come!«

Egal auf welchem Level Du Dich aktuell bewegst: »Your time will come!«

Egal wo Du herkommst: »Your time will come!«

Egal ob Du Mann oder Frau bist: »Your time will come!«

Egal ob Dein Umfeld an Dich glaubt oder nicht: »Your time will come!«

Egal ob Du viel oder wenig Geld hast: »Your time will come!« Egal wie alt Du bist: »Your time will come!«

Und egal ob Du schon mal den Erfolg hattest, den Du Dir wünschst, oder nicht: »Your time will come!«

Es ist mir ein großes Anliegen, dass eines klar wird: Schau nicht immer nur auf das Ergebnis, sondern schau immer auch auf Deine persönliche Weiterentwicklung. Dir muss bewusst sein: Wenn Du dem Prozess folgst und nicht nur auf die aktuellen Resultate schaust, dann wird Deine Zeit kommen!

Denk an diese Erkenntnis, wenn Du Dich einmal so fühlst, als würdest Du feststecken. Wenn Du Dich so fühlst, als würdest Du kein Stück weiterkommen oder einfach nicht schnell genug wachsen. Lass Dir von mir sagen, dass ich dieses Gefühl selbst nur allzu gut kenne. Ich glaube, jeder Networker hat eine unglaubliche Ungeduld.

Wir wollen, dass unser Business am besten noch heute explodiert. Wenn wir dann das Gefühl haben, dass wir nicht weiterkommen, dann sind wir frustriert.

Dieser Frust und oft auch Selbstzweifel entstehen vor allem dann, wenn wir nur auf die Ergebnisse schauen. Aber Ergebnisse sind nicht der Beginn von Erfolg, sondern das Ende. Schau mal zurück, die letzten 6, 12 oder 24 Monate, und frage Dich selbst: Bist Du besser als damals? Hast Du mehr gelernt? Hast Du das Geschäft mittlerweile besser verstanden? Gibt es andere Dinge, die sich verbessert haben?

Du wirst feststellen, dass Du mit diesem Fokus fast immer kontinuierliche Verbesserungen und Wachstum erkennen kannst. All das ist zwar vielleicht noch sozusagen im Inneren verborgen, aber Deine äußere Welt reflektiert früher oder später immer Deine innere Welt, mit anderen Worten: Der Erfolg wird kommen. Du darfst nur nicht aufgeben. Hör niemals auf, jeden Tag mit voller Begeisterung und Leidenschaft weiter an Dir selbst und an Deinem Geschäft zu arbeiten. Viele begehen den Fehler und werfen zu früh einfach alles weg.

Inneres Wachstum zieht äußeres Wachstum nach sich

Vergiss nie: Inneres Wachstum ist die Grundlage für äußeres Wachstum. Kannst Du das bei Dir erkennen? Wenn die Antwort Ja ist, dann ist alles gut und im grünen Bereich. Unabhängig von den aktuellen Ergebnissen wird Deine Zeit kommen, daran führt kein Weg vorbei.

Breakthrough

Nach den besagten ersten drei Wochen waren wir bereits über hundert Geschäftspartner. Das führte dazu, dass unser kleines Büro, das wir bis dahin nutzten, nicht mehr ausreichte und wir eine andere Infrastruktur brauchten.

Der nächste Schritt war zwar mehr aus der Not heraus geboren, aber unser ungebremstes Wachstum forderte seinen Preis ...! ☺

Ich hatte einen Partner im Team, der in Wuppertal ein kleines Möbelgeschäft besaß, und kurzerhand verlegten wir die Meetings in dessen Geschäftsräume. Jeden Abend um zwanzig Uhr, nach Ladenschluss, fanden dort unsere Geschäftspräsentationen mit anschließendem Meeting statt. Kurzerhand wurde sein Showroom, in dem Stühle und Tische standen, zum Meetingraum umfunktioniert. Aus Platzmangel kam es sogar so weit, dass Interessenten auf Designerstühlen saßen, die er für 3000 Euro und mehr in seinem Geschäft verkaufte. Der Zweck heiligt die Mittel, wir machten einfach alles möglich. Wenn etwas nicht »ging«, dann haben wir es getragen, wenn wir es nicht tragen konnten, dann haben wir geschoben, und wenn das nicht machbar war, dann wurde so lange improvisiert, bis wir eine Lösung gefunden haben. Geht nicht gab es nicht!

Nach nur ein paar Wochen erzielten wir dort mit unseren abendlichen Präsentationen mehr Umsatz als er mit seinen Möbeln.

Es war wirklich eine magische Zeit. An manchen Abenden kamen nur zwei oder drei Interessenten zur Präsentation, wir hatten aber genauso gut Abende, da nahmen zwanzig, in der Spitze sogar über dreißig Personen an unseren Meetings teil. Egal wie viel oder wie wenige Menschen da waren, auf alle Fälle gab es keinen Abend, an dem kein Meeting stattgefunden hätte!

Ständig optimierten wir unsere Präsentation, angefangen von den Inhalten des Vortrages über unsere Präsentationstechnik und die Musik, die wir zu bestimmten Zeiten der Präsentation einspielten, bis hin zu den Geschichten, den Testimonials und dem Closing-Part. Es wurde einfach alles immer noch mehr verbessert.

Nachdem wir neun Monate lang mit dieser Intensität, Begeisterung und echter Passion unser Team aufgebaut hatten, war es dann schließlich so weit. Ich verdiente das erste Mal sage und schreibe 10 000 US-Dollar in einem Monat. 10000 Dollar, genau das ist die magische Schwelle, die die meisten Networker im Kopf haben, wenn sie an einen richtig guten Verdienst denken. Jeder fragt sich, wie es wohl wäre, wenn man irgendwann mal 10000 Dollar verdienen und den magischen fünfstelligen Scheck mit nach Hause nehmen würde.

Die Schallmauer war durchbrochen: 10 000 Dollar Monatsverdienst!

Das Verrückte war, dass bis zu diesem Zeitpunkt in meinem Kopf immer folgender Gedanke herumgeisterte: »Mensch, 10 000 Dollar im Monat. So viel Geld werde ich niemals verdienen. So viel Glück habe ich einfach nicht.« Ich habe es zwar nicht öffentlich ausgesprochen, aber unterbewusst war der Zweifler immer mit von der Partie.

Genau dieser kleine Zweifler ist bei jedem von uns Tag und Nacht mit am Start. Bei dem einen mehr, bei dem anderen weniger, aber es gibt sicherlich niemanden, den dieser Kerl nicht beeinflusst. Doch eines ist Fakt: Keiner muss dauerhaft mit diesem »Geschwätz« leben. Wenn auch Du Dir bisher so etwas eingeredet hast, dann kannst Du es jetzt, ab diesem Moment, ändern. Sofort. Sei vorsichtig mit dem, was Du Dir selbst erzählst oder erzählen lässt, denn Gedanken haben die Angewohnheit, sich zu manifestieren. Gedanken bestimmen unsere Gefühle, Gefühle bestimmen unsere Handlungen, und diese haben die Kraft, zu erschaffen oder zu zerstören.

Gedanken sind Energie, Gedanken sind Schwingung, und deswegen muss man sehr gut darauf aufpassen, mit welcher Schwingung man durchs Leben geht. Es könnte sein, dass man genau die Situationen und Menschen anzieht, die man »verdient«.

Unser Denken bestimmt die Ergebnisse, die wir erzielen, wesentlich mit

Ich weiß, dass Du mit diesem Tipp die 10000 Dollar schneller verdienen kannst als ich (falls das Dein Ziel ist). Aber nur wenn Du besser denkst als ich!

Wenn Du Dir also jeden Tag sagst: »Das schaffe ich nie«, dann limitierst Du Dich selbst, und mit an Sicherheit grenzender Wahrscheinlichkeit wird das gewünschte Ergebnis für Dich nicht oder nur schwer machbar sein. Selbst wenn man sich jeden Tag sagt:

»Ich schaffe es«, dann ist das natürlich auch keine Garantie, aber die Wahrscheinlichkeit, dass man es tatsächlich schafft, erhöht sich durch diese positive Programmierung exponentiell. Sie ist dann definitiv viel höher, als wenn man sich jeden Tag selbst erklärt, dass man es nicht schafft. Denn das Unterbewusstsein versucht permanent Beweise zu finden, mit denen es die Glaubenssätze, die Du ihm anbietest, unterstützt. Dadurch verändert sich der Fokus, und wie man im Englischen ja so schön sagt: Where focus goes, energy flows.

Um es selbst zu schaffen und mein Denken in die richtige Richtung zu leiten, habe ich einen kleinen Trick angewendet, den ich Dir hier gerne verraten möchte. Der Betrag von 10 000 Dollar ist letzten Endes nur eine Zahl, mit der man am Ende des Tages recht wenig anfangen kann. Das Schöne an unserem Business ist aber, dass Erfolg und Verdienst unglaublich planbar sind.

Ich habe mir also eine sogenannte Gedankenbrücke gebaut und mir die Frage gestellt: Was ist denn notwendig, um dieses Ergebnis zu erzielen? Dabei bin ich recht schnell zu der folgenden Erkenntnis gekommen: Um dieses Geld zu verdienen, mussten damals 1500 Kisten »Acai Wellnessdrinks« ihren Besitzer wechseln, auf gut Deutsch, ich brauchte 1500 Menschen, die das Produkt kauften. Ich überlegte eine Weile und realisierte: Das war doch gar nicht so viel. Dafür brauchte ich noch nicht einmal ein internationales Business, denn so viele Menschen lebten alleine schon in der Straße, in der meine Eltern wohnten.

Der nächste Schritt war der, diese 1500 Produktnutzer auf zehn Partner zu verteilen.

Das bedeutete wiederum: Wenn ich zehn Partner mit jeweils 150 Nutzern hätte, dann wäre ich schon am Ziel. Oder wenn nun wiederum jeder von diesen zehn Partnern drei weitere Partner gewinnen würde, dann wären das nur noch fünfzig Kunden pro

Linie, also zwölf bis dreizehn pro Woche, das sind weniger als zwei am Tag – das kann durchaus jeder schaffen.

Ich habe mein Einkommensziel klein gerechnet – von da an wusste ich, ich würde es schaffen

Das war natürlich nur Theorie, aber auf diese Weise – es gäbe natürlich auch andere Wege zum gleichen Ziel – konnte ich mir das Ungetüm klein rechnen und in Einzelteile zerlegen. Als ich an diesem Punkt angekommen war, habe ich gewusst, ich würde es schaffen. Wenn ich nur immer weitermachte, wenn ich rausginge, mit Begeisterung, und meinen Job täte, wenn ich jeden Tag meine Geschichte erzählen würde, früher oder später wäre mein Ziel erreicht.

Aus diesem Modell und aus der Erkenntnis, dass die Gewinnung von 1500 Produktnutzern mithilfe einer Struktur kein Hexenwerk waren, entstand bei mir diese Sicherheit im Kopf. Mit dieser Sicherheit und mit dem entsprechenden Selbstbewusstsein ausgestattet, ging ich ans Werk, und die Ergebnisse sollten folgen. Ich schaffte es.

Es ist schon verrückt, aber dieser Scheck war ein echter Befreiungsschlag. Es war, als hätten wir die Ketten zerrissen und uns endgültig vom Kleindenkertum befreit.

Jeder hatte sich bisher am schon Geleisteten orientiert, aber das war ja bekanntlich nicht so viel, und deswegen gab es auch keine wirklichen Spitzenleistungen.

Ein derartiger Zustand hält sich immer so lange, bis jemand kommt, der das Thema neu oder größer denkt und infolgedessen bessere Resultate erzielt. Oftmals sind das die Menschen, die einfach nicht wissen, dass etwas (angeblich) nicht möglich ist, und die deswegen unbefangener an bestimmte Dinge herangehen. Genau diese Menschen sind es dann auch, die eine vollkommen neue Benchmark setzen. Ist dies erst einmal vollzogen, tritt eine wahre Kettenreaktion ein, ein Dominoeffekt, der alle mitreißt. Das ist dann der Moment, in dem alle von Flow oder auch von Momentum sprechen. Der Moment, in dem einfach alles läuft und Du nur noch staunen kannst!

Sicherlich kennst Du auch den Spruch: Alle sagten, es geht nicht, und dann kam einer, der das nicht wusste, und machte es einfach. Ich wusste nun nach dieser langen Zeit, die ich schon dabei war, dass ich eine historische Chance hatte. Mir war bewusst, dass es nur noch an mir lag, denn ich hatte gerade den Reset-Knopf gedrückt, um in eine vollkommen neue Liga aufzusteigen und mich komplett neu zu definieren. Ein schneeweißes Blatt lag vor mir, welches ausschließlich für mich bestimmt war.

Der Tag, an dem diese 10000er-Benchmark geknackt wurde, ist auch in die Sammlung meiner persönlichen Highlight-Momente eingegangen, denn ich kann mich noch gut daran erinnern, wie einige meiner Partner reagierten, als wir mitten in der Nacht noch im Büro saßen und den Monat beendeten. Ein sehr guter Freund und damaliger Geschäftspartner von mir konnte es kaum fassen und sagte auf seine sehr persönliche, einfache und ehrliche Art und Weise: »Krass, Danien, du hast 10000 Dollar verdient! Niemand verdient 10000 Dollar, niemand hat bisher 10000 Dollar verdient. Echt heftig!«

Durch die damalige Neudefinition dieser Benchmark passierte in den nächsten Tagen Unglaubliches. Mein Team hatte in mir das Vorbild und einen Mentor, der tatsächlich den fünfstelligen Monatsscheck geknackt hatte, und der Dominoeffekt kam richtig in die Gänge. In den nächsten Monaten erreichten *sechzehn* Personen aus meinem Team das erste Mal in ihrem Leben fünfstellige Erträge!

Als Leader hast Du die volle Verantwortung für das Ergebnis

Ein ganz wichtiges Learning aus dieser Zeit für mich war: Egal welche Vision Du aufbaust, als echter Leader bist Du allein derjenige, der die volle Verantwortung für das Ergebnis übernehmen muss. Du kannst nicht andere für Deinen Misserfolg beschuldigen, sondern Du bist derjenige, der zu hundert Prozent dafür einstehen muss. Und dann wirst Du es schaffen. Durch Deinen Erfolg inspirierst Du die Menschen um Dich herum.

Das nächste Level

Wenn Du nun denkst, dass es ab diesem Zeitpunkt für mich nichts mehr zu tun gab, dann täuschst Du Dich gewaltig. Wenn man das nächste Level erreicht und in die nächsthöhere Liga aufsteigt, warten sofort die nächsten Herausforderungen. Es ist auch nicht zwangsläufig so, dass immer alles leichter wird. Für den Außenstehenden sieht es zwar meistens so aus, aber auf dem nächsten Level warten definitiv andere, oft auch härtere »Gegner«.

Man muss sich das so vorstellen, als würde man von der Zweiten in die Erste Fußball-Bundesliga aufsteigen. Eben warst Du noch der Held, und schon bist Du wieder ein ganz kleines Licht …! ☺ Erschwerend kommt hinzu, dass Dein Geist versucht, Dir einen Strich durch die Rechnung zu machen, und sich das Gefühl der Zufriedenheit einstellt, sobald man etwas geleistet hat. Man ist versucht, sich auf seinen Erfolgen auszuruhen.

Die Herausforderung ist, dass man möglichst schnell wieder erstrebenswerte Ziele finden muss, ansonsten gerät man in eine Situation der Stagnation, und wenn ein Geschäft einmal stagniert, dann stagniert es meist nicht nur, sondern es schrumpft.

Ich setzte damals alles daran, unseren Run beizubehalten, und hatte Bedenken, dass wir unseren Flow verlieren könnten. Deswegen arbeitete ich umso intensiver, ging jeden Tag eine »Extrameile«, machte eine Stunde länger als normal, startete eine Stunde früher als alle anderen und schaffte es durch diesen Einsatz, unser Momentum aufrechtzuerhalten.

Nach gut zwei Jahren war ich bei 20000 US-Dollar Monatsscheck angekommen, hatte also mein Einkommen verdoppelt. Das

Geschäft lief supergut, und in den Augen vieler anderer hatten wir alles erreicht, was es zu erreichen gab. – Ich persönlich war sehr dankbar, aber noch lange nicht zufrieden. Für mich kam nur eines infrage: Ich wollte nicht durchschnittlich gut sein, sondern in die absolute Champions League des Network-Marketing aufsteigen.

Ich hatte bereits damit begonnen, hohe Summen in meine persönliche Weiterbildung zu investieren, und flog gemeinsam mit einem Vertriebspartner von mir zu einem internationalen Network-Marketing-Training nach Las Vegas. Veranstalter war der vielleicht bekannteste und beste MLM-Trainer der Welt, Eric Worre. Die Kosten für diese Reise beliefen sich auf mehrere Tausend Euro, aber es sollte das beste Investment werden, das ich jemals getätigt hatte. Ich würde ein Vielfaches meines Einsatzes zurückbekommen.

Eric Worre präsentierte auf diesem Training sein Konzept des 90-Day-Runs und stellte die Frage, wer von den Teilnehmern schon einmal neunzig Tage hintereinander nichts anderes getan habe, als wirklich zu hundert Prozent geschäftlich Vollgas zu geben. Ernsthaft reflektierend, musste ich damals diese Frage mit Nein beantworten. Neunzig Tage hintereinander in jeder freien Minute nichts anderes zu tun, als Network-Marketing zu betreiben – das hatte noch nicht mal ich gemacht.

Aber auch wenn ich die Frage mit Nein beantworten musste, ließ mich die Idee dieses Konzepts von diesem Zeitpunkt an nicht mehr schlafen. Ich stellte nun mir selbst die Frage, die Worre jedem Einzelnen von uns ebenfalls gestellt hatte: Was würde passieren, wenn man wirklich mal neunzig Tage hintereinander nichts anderes machen würde als Network-Marketing?! Nichts anderes, als sein Geschäft aufzubauen, mit hundertprozentigem Fokus, ohne Ablenkung, ohne nach links und rechts zu schauen, einfach zu arbeiten, als ob es kein Morgen gäbe?!

Um ehrlich zu sein, erschien mir dieser Zeitraum extrem kurz, jedoch interviewte Eric auf diesem Training eine sehr große Anzahl an Führungskräften, die mit ihrem Business sechsoder sogar siebenstellig verdienten, und nahezu alle bestätigten sie, dass es in ihrer Karriere mindestens einen Zeitraum gab, in dem sie für einige wenige Wochen einen massiven Push investiert hatten, mit der Folge eines radikalen Momentums. Diese Zeiträume beschrieben sie als crazy, verrückt und total out of Balance – aber sie hatten bis in die Gegenwart einen überaus starken messbaren Effekt auf den Umsatz ihrer Organisationen. Bei einigen machte das Resultat dieses 90-Day-Runs 70 bis 90 Prozent des Volumens oder sogar noch mehr aus – und das noch Jahre später!

Noch auf dem Training fällten mein Partner und ich also den Entschluss, genau diesen 90-Day-Run ohne Kompromisse durchzuziehen. Es sollte ab diesem Tag keine Minute mehr geben, in der ich nicht entweder über das Thema Network-Marketing sprechen, telefonieren oder mit irgendeinem meiner Partner ein Gespräch führen würde, keine Minute, die mit einem anderen Thema ausgefüllt war. Es würde keine Ablenkungen geben, keinen Urlaub, keine Hobbys und keine anderen Dinge, denen man sich sonst gerne hingegeben hätte. Die Zeit der Ausreden war vorbei. No excuses, basta!

Ich habe ab diesem Seminar kaum noch geschlafen, wir haben die Nacht zum Tag gemacht, und ich hatte total das Gefühl dafür verloren, welcher Wochentag überhaupt war. Das Gefühl für Zeit und Raum war vollkommen verloren gegangen. Das Handy war konstant am Ladegerät, weil der Akku sonst mehrfach am Tag leer gewesen wäre.

Das gesamte Erlebnis war eine Grenzerfahrung. Wenn Du mehrere Wochen mal auf all das verzichtest, was sonst so normal ist. In Ruhe essen gehen. Einen Film schauen. Private Konversationen führen. Scrollen auf Facebook oder texten auf WhatsApp. Mal entspannen oder relaxen. Musik hören. Sinnlos Auto fahren. Nichts. All das gab es nicht. Selbst meinen Schlaf habe ich reduziert, und mein Partner und ich sind zu dem Schluss gekommen, dass man mit Meditations-CDs innerhalb von Minuten Tiefschlaf aufholen kann. Ich habe auch gemerkt, dass man das Business quasi 24 Stunden am Tag betreiben kann. Es gibt immer jemanden, der gerade wach ist. Geh doch mal, egal zu welcher Tagesoder Nachtzeit, auf Social Media – und Du siehst Hunderte von Menschen, die entweder *noch* oder *schon wieder* wach sind. Und worst case kannst Du international arbeiten. Es ist einfach immer jemand verfügbar. Das Business läuft 24 Stunden nonstop.

Ich habe damals zum ersten Mal den tieferen Sinn des Sprichwortes verstanden: »Erfolg ist immer dann am nächsten, wenn man am Rande der positiven Besessenheit arbeitet!«

Als ich am ersten Tag gegen etwa fünfzehn Uhr meine ersten acht Stunden hinter mir hatte, komplett ohne Pause, hatte ich das Gefühl, es wären bereits Tage vergangen. Ich konnte einfach nicht glauben, dass das erst Tag eins war und noch nicht einmal 50 Pro zent des ersten Tages um waren. Wow. Wie lange so ein Sech zehnstundentag doch ist. Wenn Du drei Tage hintereinander sech zehn Stunden oder mehr arbeitest, dann hast Du das Gefühl, dass bereits Wochen vergangen sind, dabei hast Du nicht mal die Hälfte der allerersten Woche hinter Dir.

Vielleicht verstehst Du jetzt, warum sich unter bestimmten Um ständen in kurzer Zeit so viel erreichen lässt. Es ist tatsächlich mög lich, dass Du in nur einem bis drei Tagen mehr produktive Dinge tust als andere in einem gesamten Monat.

Das Verrückte ist: In den ersten zwei Wochen tat sich im Ergeb nis fast nichts. Es fühlte sich so an, als würde die Massenträg heit einfach eine riesengroße Verzögerung liefern. Aber es hat uns nicht interessiert. Wir haben gesagt: Wir schauen uns nach neun zig Tagen das Ergebnis an und nicht vorher.

Und die Menschen haben uns beobachtet. Nicht jeder hat genauso viel getan. Um ehrlich zu sein, hat *niemand* so viel getan. Und hier war es wieder. Totale Verantwortung für die Resultate selbst über nehmen. Ein Leader hat seine eigene Geschwindigkeit. Und führt und inspiriert damit die Gruppe. Die Geschwindigkeit der Gruppe nähert sich irgendwann der Geschwindigkeit des Leaders an. Aber er ist verantwortlich. Für Konstanz und Kontinuität.

In der dritten Woche begannen sich die Dinge plötzlich zu verändern. Momentum trat ein. Eine große Gruppe Menschen hatte sich mittlerweile dem Gedanken, »etwas mehr zu tun«, angeschlossen, und der Multiplikationseffekt war atemberaubend. Der Umsatz auf dem Payleg und die Einschreibungen stiegen auf einen Schlag um 800 Prozent.

Wir hatten in dieser Zeit eine besondere Story, eine besondere Gelegenheit in der Organisation kreiert. Es gab außerdem besondere Pakete, welche noch nicht im System zu kaufen waren, sondern manuell per Formular bestellt werden mussten. Wir hatten ein Faxgerät in Betrieb, und es kamen im Minutentakt Anträge herein. Bei jeder Aktualisierung des Mail-Accounts tauchten fünf bis fünfzehn neue E-Mails mit Anträgen im Anhang auf.

Wir haben in nur einem Monat mehr als tausend neue Vertriebspartner registriert, von denen diese Pakete bestellt wurden. Es war unglaublich. Alles war möglich. Die Gesetze des normalen Aufbaus waren komplett außer Kraft gesetzt.

Ich bin durch diesen fokussierten Run komplett an die Spitze geschossen. Und was noch viel genialer ist, viele Geschäftspartner meiner Organisation taten es mir gleich. Wir haben einen so gewaltigen Sog, eine so gewaltige Dynamik erzeugt, dass wir alle und alles um uns herum förmlich mitgerissen haben. Wir waren voller Euphorie und sind uns vor Freude manchmal gegenseitig in den Armen gelegen. Ich kann mich noch gut erinnern, dass wir nachts eine Standleitung in die USA hatten und stapelweise Registrierungen eingaben, die den Tag über generiert worden waren.

Die Telefone und Internetverbindungen glühten, und wir erreichten am Ende ein so unvorstellbares Volumen an Geschäft, dass es mit Worten nicht zu beschreiben ist. Der Umsatz kam einfach überallher, und wir konnten es nicht stoppen!

Alleine während ich diese Zeilen schreibe, habe ich wieder Gänsehaut, denn ich kann mich gut erinnern, dass fünfzigjährige Hausfrauen vor Freude weinten, weil sie das erste Mal fünfstellig verdienten. Wir hatten einen so gewaltigen »Lauf«, dass sogar Geschäftspartner mitgezogen wurden, die bis dato wenig oder gar keine Erfolge verbucht hatten. Es war schlichtweg magisch, denn wir erfüllten uns mit diesem Run und dieser Leistung die wildesten Träume, die wir damals in Bezug auf unser Geschäft jemals geträumt hatten.

Ich muss an dieser Stelle zugeben, dass ich unseren 90-Day-Run bereits nach 55 Tagen wegen Müdigkeit und Erschöpfung und nach Erreichung der »White Diamond Position« abgebrochen habe. Ich konnte einfach nicht mehr. Aber das Ergebnis dieser 55 Tage war surreal, denn in dieser Zeit hatte ich das erreicht, wovon andere Menschen in der Branche nur träumen. Ich hatte einfach mal sechs Karrierestufen komplett übersprungen, und meine Company stellte mir im nächsten Monat zum ersten Mal einen Scheck über sage und schreibe 100 000 US-Dollar aus.

Ich kann also hier und heute in diesem Buch darüber berichten, dass es wieder mal »nur« ein einziges Event war, das mein Leben komplett veränderte und mir half, in Bezug auf den Verdienst in den absoluten Olymp der Network-Marketing-Welt aufzusteigen.

Ich hatte damit einen weiteren Meilenstein erreicht, den in unserer Branche nicht sehr viele kennenlernen dürfen, und dafür bin ich heute noch unendlich dankbar. Dankbar bin ich aber noch viel mehr dafür, dass ich dadurch ein gutes Vorbild für alle meine Partner und Kollegen in der Network-Marketing-Industrie sein konnte. Da ich mit diesem Ergebnis gezeigt hatte, was mit unserem genialen Geschäftsmodell möglich ist, konnte ich mit Sicherheit den einen oder anderen inspirieren, es mir gleichzutun …

Mit großer Freude erfüllt es mich, dass in diesem Moment, in dem ich diese Zeilen schreibe, eine große Anzahl von Leadern in *unityglobal* herangewachsen ist, die auf dem besten Weg sind, ebenfalls solche Leistungen zu wiederholen.

Wo Sonne ist, gibt es auch Schatten

Nachdem diese unglaubliche Leistung erreicht war, hatte ich tatsächlich eine andere Herausforderung zu meistern, die ich bisher gar nicht auf dem Schirm hatte. Genau der Partner, mit dem ich in Las Vegas gewesen war und mit dem ich auch den 90-Day-Run durchgezogen hatte, geriet ins Visier einer anderen Network-Marketing-Firma. Diejenigen, die erfolgreich sind, werden eben beobachtet, und Erfolg weckt natürlich Begehrlichkeiten.

Kurzum, genau dieser Partner wurde zu einer anderen Network-Marketing-Company abgeworben, was dazu führte, dass ihm einige seiner Vertriebspartner folgten.

In solchen Momenten fällt es nicht ganz leicht, nach vorne zu schauen, weil man damit beschäftigt ist, Schadensbegrenzung zu betreiben, die Gründe für den Weggang zu erforschen und vielleicht noch zu retten, was zu retten ist.

Mich selbst hat das Ganze zunächst gar nicht so sehr beeinflusst, aber es führte dazu, dass der Talk in meiner Organisation irgendwie negativ wurde. Solche Ereignisse werfen immer auch einen Schatten auf andere Bereiche und haben Wirkungen auf Vertriebspartner, die damit gar nichts zu tun haben, denn es wird darüber spekuliert, was vorgefallen sei, und man macht sich Gedanken über den Weggang. Das Tagesgeschäft gerät ins Hintertreffen, jeder ist nur noch dabei zu überlegen, kaum jemand arbeitet und tut das, was es eigentlich zu tun gäbe, um erfolgreich zu werden. Auch ich konnte mich dieser weniger guten Stimmung nicht ohne Weiteres entziehen. Aber wie sagt man so schön: »Der Profi macht seinen Job, auch wenn ihm nicht danach ist!«

Mir war klar, dass in genau diesem Moment wieder einmal getestet wurde, ob ich es wirklich ernst meine. Ob ich ein Profi bin oder ein Amateur.

> ***Drei Erfolgsgeheimnisse: konstante Aktivität, Fokus, Begeisterung***

Kleine Randbemerkung: Es ist immer sehr einfach zu arbeiten, solange alle begeistert sind. Aber mit der Zeit, wenn die Euphorie mal verfliegt und alles in Arbeit ausartet, dann verlieren die meisten ihre konstante Aktivität. Die Fähigkeit eines echten Leaders liegt in der von mir so oft als »Hidden Skill« beschriebenen Fähigkeit, sich *immer wieder neu* zu begeistern für die *gleiche* alte Sache. Viele Networker können das nicht und wechseln dann die Firma oder lassen nach in der Führung ihrer Organisation.

Konstante Aktivität, Fokus und Begeisterung gehören tatsächlich zu den größten Geheimnissen für den Erfolg im Network-Marketing.

Von diesem Zeitpunkt an vergingen für mich sechzehn sehr lange Monate, in denen sich geschäftlich nicht wirklich etwas tat.

Was das Finanzielle betrifft, ging es mir nicht schlecht, ich kam gut über die Runden. Aber an die glorreichen Tage des 100 000-Dollar-Schecks konnte ich seitdem nicht wieder anknüpfen. Es waren Monate der Arbeit, die sich wie Minenarbeit anfühlte. Die

Leichtigkeit früherer Tage hatte sich komplett verabschiedet. Die Euphorie der Monate davor schien verloren.

Wir machen zwar unseren Job, aber es gab keinen richtigen Flow, geschweige denn ein echtes Momentum. Jeder war damit beschäftigt, seine Gespräche zu führen und anderen Menschen die Produkte sowie die Geschäftsidee vorzustellen, aber irgendwie fehlte zu jener Zeit ein bisschen die Seele. Wir unterschieden uns nicht wirklich von den vielen anderen da draußen, die jeden Tag ein bisschen »vor sich hin präsentieren«, aber keinen wirklichen Impact bei den Menschen hinterlassen. Es lag zweifelsohne nicht an den Produkten, und es lag auch nicht an der Company, denn Produkte und Firma waren ja immer noch dieselben wie zuvor.

Es lag definitiv an uns, die wir die Idee und die Botschaft transportierten. Vielleicht war uns auch so ein bisschen der Blick für das große Ganze verloren gegangen, und die große Vision war nicht mehr so kraftvoll wie noch Monate davor.

Jede Idee, jedes Geschäft, aber auch jedes Produkt ist immer nur so stark oder gut, wie es begeisterte und mit der Sache identifizierte Menschen gibt, die es »tragen«.

Doch ich wollte mich auf keinen Fall dieser Situation geschlagen geben, und vor allem wollte ich meine Partner wieder in die richtige Spur bringen. Ich hatte zu diesem Zeitpunkt nur eines im Hinterkopf: *When the going gets tough, the tough get going.*

Ich intensivierte meine Touren und meine Geschäftspräsentationen. Entfernungen waren irrelevant für mich. Sobald Gruppen zusammenkamen irgendwo im deutschsprachigen Raum, war ich da.

Ich geriet an einen Punkt, an dem ich mich fragte, wieso ich überhaupt eine feste Wohnung hatte. Denn im Prinzip lebte ich im Hotel.

Also entschied ich mich kurzerhand, meine Sachen einlagern zu lassen, und war ab sofort ohne festen Wohnsitz. Aber auf hohem Niveau. Ich machte so viele Meetings, dass es einige Tage gab, an denen ich morgens im Hotel aufwachte und mich nicht erinnern konnte, wo ich mich gerade befand. Es dauerte dann ein paar Sekunden oder Minuten, bis ich es einordnen konnte. Aber es war egal, Aufbau war alles, was zählte.

Und auch wenn ich damals oft das Gefühl hatte, dass ich der Einzige war, der an die ganz große Vision glaubte, bin ich heute wieder mal sehr dankbar für diese anspruchsvolle Zeit und dieses Learning.

Denn ich habe genau in dieser Zeit eine echt dicke Haut entwickelt, und wahrscheinlich war genau das die Vorstufe für den nächsten Sieg, den ich bald erringen durfte.

Lessons to learn

Unabhängig von den vielen kleinen und größeren Baustellen, mit denen ich mich zu dieser Zeit im Tagesgeschäft auseinandersetzen musste, gab es bei mir im Hinterkopf immer noch den Traum von Dubai, und ehrlich gesagt: Aus diesem Traum habe ich immer wieder richtig viel Kraft gezogen, besonders in Momenten, wenn es mal nicht so gut lief. Unbewusst beschäftigte ich mich irgendwie jeden Tag damit und versuchte gedanklich für mich den idealen Weg zu finden, um mir diesen Traum zu erfüllen.

Dass ich nach Dubai wollte, war mir klar. Ich wusste bloß noch nicht, wann es so weit sein sollte, und auch das Thema Finanzen beziehungsweise die Finanzierung dieses Vorhabens war noch nicht wirklich konsequent zu Ende gedacht.

Apropos Finanzierung. Der Umgang mit Geld, der Aufbau von finanziellen Reserven und Rücklagen und ein cleveres Finanzmanagement ist nicht jedem Menschen in die Wiege gelegt – auch mir nicht! Das Schöne aber ist, man kann es lernen, und ganz besonders im Umgang mit Geld bietet die Arbeit im Network-Marketing vortreffliche Entwicklungsmöglichkeiten.

Es gibt verschiedene Stellschrauben, an denen man drehen kann, um finanziell unabhängig zu werden. Dafür zu sorgen, dass auf der einen Seite mehr Geld »reinkommt«, ist eine davon. Einen möglichst großen Teil dieses Geldes zu behalten, ist die andere!

Dabei ist es gar nicht so sehr entscheidend, ob man viel Geld verdient oder nicht. Wenig Geld zu verdienen ist natürlich nicht gerade sexy, aber auch wenn man mehr Geld einnimmt, heißt das noch lange nicht, dass betriebswirtschaftlich alles super läuft.

Auch wenn das für den Außenstehenden vielleicht etwas befremdlich klingt: Wer als erfolgreicher Networker immer weiter steigende Einnahmen generiert, ist meist sehr schnell damit, seinen Lebensstil entsprechend »anzupassen« und seine Ausgaben zu erhöhen. Leider vergisst er dabei oft, auch die Rücklagen zu erhöhen.

Wovon ich rede, sind der unbeschwerte und unbedarfte Umgang mit dem eingenommenen Geld und die proportional dazu ansteigenden Ausgaben. Anders ausgedrückt, ich meine die leider allzu verbreitete Erscheinung, dass selbst bei erfolgreichen Networkern am Ende des Geldes immer noch einiges vom Monat übrig ist. Auch ich sollte davon nicht verschont bleiben.

Rückblickend betrachtet, muss ich leider zugeben, dass ich voll in diese Falle hineingetappt bin, und ich möchte Dir diese Geschichte im Detail erzählen, weil ich der Meinung bin, dass man es mir nicht unbedingt gleichtun muss. Insbesondere dann nicht, wenn man von den Erfahrungen anderer lernen kann, wie man es nicht machen sollte …!

Mir persönlich wäre mein finanzielles Missmanagement vielleicht niemals aufgefallen oder bewusst geworden, wenn mir nicht ein sehr inspirierendes Gespräch mit einem meiner ehemaligen Mentoren zu diesem Thema die Augen geöffnet hätte.

Der Mann, mit dem ich diese spannende Unterhaltung führte, hieß Randy und war der damalige Vertriebsbeauftragte meiner Partner-company.

Ich kann mich noch gut erinnern, wie er mich eines Tages zu einem persönlichen Gespräch bat, um mit mir über meine aktuelle geschäftliche Situation und meine Pläne für die Zukunft zu sprechen. So wie das Vertriebsmanager eben hin und wieder mit ihren Leadern und Leistungsträgern tun.

Das Gespräch fand statt, kurz nachdem ich das erste Mal fünfstellig verdient hatte, ich springe also in meiner Erzählung zeitlich etwas zurück. Meine Umsätze waren bereits damals schon sehr gut und vor allem stabil, und auch mit meinen Einnahmen war ich recht zufrieden.

Demzufolge erwartete ich irgendwie ein motivierendes, vielleicht sogar anerkennendes Gespräch mit Randy, doch das Gegenteil sollte der Fall sein. Aus heutiger Sicht bin ich für diese Unterhaltung sehr dankbar, denn in ihr wurde der Grundstein dafür gelegt, dass ich in Zukunft nicht nur Geld einnehmen, sondern von meinen Einnahmen auch etwas behalten sollte. Aber in dem Moment, als wir das Gespräch führten, war es eher ernüchternd für mich.

Wir führten den Talk relaxed, in einer sehr entspannten Atmosphäre. Gleich zu Beginn machte Randy ganz unkompliziert den Anfang mit der Frage: »Hey, Danien, how are you?«

Meine Antwort darauf kam wie aus der Pistole geschossen: »Amazing«, denn ich hatte im letzten Monat auf meinem Provisionsscheck sage und schreibe 12000 US-Dollar stehen.

»Great«, meinte Randy. »How much of these 12000 dollars did you keep?«

Ich begriff nicht sofort, warum er mich danach fragte, wie viel Geld ich von meinem letzten Monatsverdienst noch übrig hatte.

Aber er schien irgendwie über meine finanzielle Situation und über meinen Umgang mit Geld Bescheid zu wissen. Hatte er eine Glaskugel zu Hause, die ihm meinen Kontostand gezeigt und verraten hatte, dass das Geld bereits komplett ausgegeben war?

»Nothing, but I paid off some of my credit cards and other costs.«

»So you tell me, you didn't earn anything last month!«

Die Feststellung, dann hätte ich im vergangenen Monat ja gar nichts verdient, hatte auf mich die Wirkung eines echten Knockouts, und noch im selben Moment lief es mir heiß und kalt den

Rücken runter. Und plötzlich verstand ich es. Unendlich peinlich, ihm sagen zu müssen, dass ich von diesen 12 000 Dollar tatsächlich nichts mehr übrig hatte.

> *Die reichsten Menschen der Erde sind nicht reich geworden, weil sie nur viel verdient haben, sondern weil sie von dem, was sie verdient haben, möglichst viel behalten haben!*

Verdammt, ich verdiente das Vierfache des Durchschnittsgehaltes eines »normalen Menschen« in Deutschland, und es blieb nichts davon übrig?

Ich hatte das Geld komplett ausgegeben, und das nicht nur im letzten Monat. Das Geld ging immer weg für allerlei Dinge, von denen ich dachte, dass sie notwendig seien. Natürlich waren da meine Miete, Fixkosten, Lebenshaltungskosten, Konsumkosten, Geschäftskosten, Kreditkarten, Steuern und dergleichen mehr. Ich brauchte das Geld einfach!

Das Interessante daran aber war, ich verbrauchte mein Geld immer komplett. Das war so, als ich 2000 Euro verdient hatte, als ich schon 5000 Euro hatte, und auch zum Zeitpunkt dieses Gespräches waren die 12 000 Dollar vom letzten Monat wieder mal einfach weg. Am Ende war es immer egal, wie viel Geld ich verdiente, irgendwie war die Kohle immer aufgebraucht.

Kommt Dir das auch irgendwie bekannt vor?

Wahrscheinlich war ich nicht der Einzige, dem es so ging, und heute weiß ich, dass genau diese Lektion eine weitere sehr wichtige ist, die man als Network-Marketing-Unternehmer lernen muss.

Damals war ich an der Reihe, dieser Tatsache ins Auge sehen zu dürfen, denn genau auf diese wirtschaftliche Fehlentwicklung wollte Randy mich hinweisen. Natürlich zeigte er sehr viel Verständnis für meine Situation, machte mir dann jedoch in einer väterlichen, aber sehr unmissverständlichen Art und Weise etwas klar. Er sagte: »Danien, making money and having money is not the same thing.«

Es gibt Menschen, erklärte er, die nehmen 5000 Euro ein, brauchen aber nur 3000 Euro und bauen mit den restlichen 2000 Euro jeden Monat Rücklagen oder Reserven auf. Dann wiederum gibt es Menschen, die nehmen 50000 Euro ein, brauchen aber genau diese 50000 – die wirtschaften also plus/minus null. Und dann gibt es die, die 10000 Euro einnehmen, aber 12 000 brauchen, weil sie einen zu aufwendigen Lebensstil und Lebenswandel pflegen und deswegen jeden Monat Schulden und weitere Verbindlichkeiten aufbauen. Das ist die schlechteste Variante.

Was er mir damit sagen wollte, war: Bei den meisten Menschen, die gutes und sehr gutes Geld verdienten, bleibt nichts übrig, weil die monatlichen Ausgaben und Verbindlichkeiten proportional zum Einkommen anstiegen.

Deshalb riet er mir, Folgendes zu beachten: Unabhängig davon, wie hoch meine Einnahmen waren, sollte ich immer mich selbst zuerst bezahlen. Und zwar mit mindestens 10 Prozent meiner Einnahmen. Diesen Prozentsatz sollte ich so schnell wie möglich steigern.

Alles andere würde ich erst begleichen, nachdem ich mich selbst bezahlt hatte. *Ich*, so meinte er, sei der wichtigste Mensch, den ich im Leben immer zuerst bezahlen müsse.

Bezahl zuerst immer Dich selbst. Mit mindestens 10 Prozent Deiner Einnahmen

Das hieß also konkret, dass ich jeden Monat, unabhängig vom Einkommen, Geld behalten sollte, nur dann würde ich wirklich Rücklagen schaffen und Vermögen aufbauen.

10 Prozent von 500 Euro, 10 Prozent von 5000 Euro oder auch 10 Prozent von 50000 Euro, vollkommen egal, es ging um die Sache an sich, nämlich sich selbst zuerst zu bezahlen. Und dann den Prozentsatz zu steigern.

Er sagte zu mir: »How amazing would it be if you could save 90 per cent of your income and live off just the remaining 10 per cent?« – *Wie unglaublich wäre es, wenn du eines Tages 90 Prozent deines Geldes behalten und von nur 10 Prozent deines Einkommens leben könntest?*

Sicherlich kannst Du Dir vorstellen, dass ich mich an diesem Tag nicht so gut fühlte, denn ich kam mir, ehrlich gesagt, wie ein tota ler Versager vor. Hatte ich doch schon lange wirklich sehr gute Einkünfte und Einnahmen erzielt, aber wirkliche Werte oder gar Rücklagen hatte ich nicht aufgebaut, geschweige denn dass ich mich selbst jeden Monat bezahlt hätte.

Aber wie heißt es so schön: Jeder Erleuchtete hat eine Vergangen heit und jeder Sünder hat eine Zukunft …!

Ich war fest entschlossen, es in Zukunft besser zu machen und mich jeden Monat mit 10 Prozent meiner Einkünfte selbst zu bezahlen. Damit baute ich mir in den nächsten zwei Jahren sage und schreibe 100000 Euro Rücklagen auf, ohne die mein späterer Wohnsitz wechsel nach Dubai niemals möglich gewesen wäre. Thanks a lot, Randy …!

Und noch etwas habe ich bemerkt. Als ich das erste Mal wirklich Geld »auf der Seite« hatte, veränderte sich mein Selbstwertgefühl komplett. Das war eine unglaubliche Erfahrung und so kraftvoll.

Deshalb halte Dich an meinen Tipp und fang an, Dich selbst zu bezahlen. Jetzt sofort. Leg das Geld auf einen Account, an den Du *unter keinen Umständen* rangehst. Du nimmst es auch nicht, um Schulden oder Kredite abzubezahlen. Dies ist Dein Vermögen, welches *jetzt* beginnt, sich aufzubauen!

Du bezahlst Dich selbst, und diese Rechnung ist die wichtigste, die Du zu bezahlen hast. Es ist somit auch die *erste*, die Du bezahlst. Vertraue mir, Du wirst es gar nicht merken. Das ist wirklich ver rückt, aber wahr.

Aber nicht nur in Bezug auf den Umgang mit Geld kann man im Network-Marketing-Business eine Menge lernen. Da steckt noch unglaublich viel mehr drin.

Vielleicht kennst Du ja den Spruch: »Money follows personality«? Im übertragenen Sinne heißt das, dass Einkommen proportional mit der Entwicklung der Persönlichkeit wächst, und übrigens ist es genau das, worum es im Network-Marketing eigentlich geht: »Becoming a better person business«.

Es liegt mir wirklich sehr am Herzen, für genau diese Tatsache noch mehr Bewusstsein zu schaffen und dafür in diesem Buch richtig die Werbetrommel zu rühren. Denn die meisten »normalen« Menschen, die ich kenne, sind zwar bestrebt, mehr zu verdienen und erfolgreicher zu werden, vergessen aber, dass Geld zwar das *Ergebnis* ihres Handelns ist oder sein sollte, aber *niemals die einzige Motivation* darstellen darf. Genauso vergessen sie, dass es im Network-Marketing nicht darum geht, lediglich einmal im Leben

»Glück« zu haben und viel Geld zu verdienen, sondern darum, das immer wieder tun zu können, weil man eine Person geworden ist, die genau über die nötigen Skills und das nötige Mindset verfügt, um den Prozess, an dessen Ende Einkommen steht, kontinuierlich zu wiederholen. Egal was passiert.

Wir nennen diese Menschen in unserem Business übrigens Network-Marketing-Professionals.

Eine der spannendsten Fragen, die Du Dir in diesem Zusammenhang einmal stellen solltest, ist: Was würde passieren, wenn man Dir alles Materielle, das Du bisher erarbeitet hast, wegnimmt?

Deinen Job, Dein Geld, Deine Wohnung, Deine Ersparnisse, Dein Auto …? Worauf kannst Du zurückgreifen, wenn man Dich einfach auf die Person reduziert, die Du bist?

Was kannst Du? Wie denkst Du? Welche Fähigkeiten und Fertigkeiten besitzt Du? Worauf hast Du Dich spezialisiert, wie kommunizierst Du mit Deinen Mitmenschen, und bist Du in der Lage, im nächsten Moment wieder für Dich selbst zu sorgen und Dir etwas aufzubauen?

Natürlich ist das kein schöner Gedanke, und bei vielen lösen diese Fragen sicherlich pure Angst und Panik aus. Aber warum? Materielle Dinge kann man sich immer wieder erarbeiten, und Geld kann man immer wieder verdienen. Geld ist gedruckte Fantasie, und solange Du gesund bist, kannst Du Materielles immer wieder erwirtschaften. Vorausgesetzt, Du bist eine Persönlichkeit, die das gelernt hat und weiß, wie der Prozess funktioniert.

Entscheidend ist nicht, was Du besitzt – entscheidend ist, wer Du bist

Die einzige Sicherheit, die Du hast, bist Du selber. Sicherheit liegt zuerst in uns selbst und dann in den Dingen, sie liegt niemals im »Außen«, in einem Job, in anderen Menschen, in Märkten oder Firmen, sondern immer nur bei uns selbst.

Auch wenn ich an dieser Stelle schon ein wenig vorgreife, aber weißt Du, wofür ich außer für mein grandioses Team am meisten dankbar bin? – Es sind nicht Geld oder der Erfolg, nein, es ist die Entwicklung, die ich in den letzten Jahren dank Network-Marketing habe durchmachen können. Es ist die Entwicklung zu dem Menschen, der ich heute sein darf, und es ist die Dankbarkeit dafür, dass ich Skills und Mindset aufgebaut habe, die mich zu einem unabhängigen und freien Menschen machen. Network-Marketing ist aus meiner Sicht die beste Lebensschule, die man sich überhaupt vorstellen kann, denn es formt Menschen zu Erfolgspersönlichkeiten.

Ja, ich würde den ganzen Weg noch einmal gehen, allein schon wegen des persönlichen Wachstums, das mir ermöglicht wurde.

Stefania Lo Gatto

An dieser Stelle ist es, glaube ich, an der Zeit, Dir zu verraten, dass ich ein zutiefst dankbarer und vor allem auch gläubiger Mensch bin. Es gab immer wieder Situationen in meiner Entwicklung und auch in meinem bisherigen Networkerleben, in denen genau in den richtigen Situationen die richtigen Dinge passiert sind. Es gibt einen liebenden Gott, der es gut mit uns meint. In meinem Fall hat er mir immer in dem Moment, in dem ich mit meinen persönlichen Mitteln an Grenzen kam, oder aber in Situationen, die beinahe ausweglos erschienen, die richtigen Menschen und Gelegenheiten zur Seite gestellt.

Ich möchte hier aber auch nicht den Eindruck erwecken, als wäre der Erfolg im Network-Marketing Glückssache oder als würde »jemand anderes« die Arbeit tun. Bei mir war es so, dass sich immer mehr Türen geöffnet haben, je mehr ich gearbeitet habe und je fleißiger ich war. Aber es gab Momente und Situationen, in denen konnte ich mit Fleiß und Arbeit alleine nicht die gewünschten Ergebnisse realisieren, und trotzdem öffneten sich immer wieder Optionen, von denen ich nie gedacht hätte, dass sie überhaupt existieren.

Ich bin der festen Überzeugung, dass es einen Gott für uns alle gibt, der einen Plan für uns hat, und dass uns allen durch Ihn eine Art Führung zuteil wird, wenn wir wirklich darauf vertrauen. Wenn man Glauben und die Gewissheit entwickelt, dass einem geholfen wird, wenn man nur kontinuierlich dem Prozess folgt, dann versetzt dieser Glaube Berge.

Der wichtigste Mensch, der mir irgendwann von diesem lieben Gott zur Seite gestellt wurde, ist meine wunderbare Frau Stefania Lo Gatto. Sie ist der bedeutendste Mensch in meinem Leben, und ich liebe sie über alles! Sie hat eine sehr intensive Beziehung zu Gott, und dies war etwas, was mich vom ersten Moment an sehr an ihr begeistert hat.

Ich wünschte mir das schon immer für mein Leben, Gott kennenzulernen und wirklich zu erfahren. Ich wusste, dass ich mit ihr in meinem Leben mehr über Ihn lernen würde und eine tiefere Beziehung zu Ihm entwickeln könnte.

Stefania habe ich aber auch darüber hinaus unglaublich viel zu verdanken, und neben meinen Geschäftspartnern und Freunden in aller Welt ist dieses Buch in allerersterster Linie ihr gewidmet.

Ganz besonders dieses Kapitel ist für sie geschrieben, und ich möchte Dir einen kleinen Einblick geben, wie wir uns kennenlernten und welch radikal positiven Einfluss sie auf mich ausübt. Ohne sie wäre ich definitiv nicht so erfolgreich geworden, und wir hätten in so kurzer Zeit nicht dieses unglaubliche Movement mit all den vielen Erfolgsstorys in Gang gesetzt.

Unsere heutige Situation und natürlich auch unser Network-Marketing-Business sind zweifelsohne eine Koproduktion, in der jeder von uns genau den richtigen Platz einnimmt. Privat wie auch geschäftlich ergänzen wir uns, und so unterschiedlich wir als Persönlichkeiten auch sein mögen, in Kombination vervollkommnen wir einander.

In dem Augenblick,
in dem man sich ***endgültig***
einer Aufgabe verschreibt,
bewegt sich die Vorsehung auch.

Alle möglichen Dinge,
die sonst nie geschehen wären,
geschehen, um einem zu helfen.
Ein ganzer Strom von Ereignissen wird in
Gang gesetzt
durch die Entscheidung,
und er sorgt **zu den eigenen Gunsten** *für*
zahlreiche ***unvorhergesehene Zufälle,***
Begegnungen und Hilfen,
die sich kein Mensch vorher
je so erträumt haben könnte.
Was immer Du tun kannst
oder wovon Du träumst,
fang es an.
In der ***Kühnheit*** *liegt*
Genie, Macht und Magie.

Johann Wolfgang von Goethe zugeschrieben

Unser Kennenlernen haben wir, wie könnte es anders sein, Network-Marketing zu verdanken. Ich kann mich noch sehr gut an den Tag erinnern, an dem ich nach Portugal reiste, um dort an einem Meeting meiner Company teilzunehmen. Ich war als Speaker eingeladen und in freudiger Erwartung ein paar inspirierender Tage mit erfolgreichen Partnern und Leadern aus anderen Ländern.

Das Leben sollte es wieder einmal gut mit mir meinen.

Am Vorabend des Events gab es ein kleines Get-together, und bei diesem Anlass sollte ich Stefania das erste Mal begegnen. Ich weiß noch ganz genau, wie sie den Raum betrat und ich ab diesem Moment gar nicht mehr klar denken konnte. Ein tolles hellblaues Kleid, wunderschöne blonde Haare, ein unglaublich faszinierendes Lächeln, ein wundervolles Wesen. Einfach zum Verlieben.

Im selben Moment schoss mir sofort der Gedanke durch den Kopf: »Wow, wenn ich jemals die Chance hätte, einen Menschen wie sie zu heiraten. Ich würde es sofort tun!«

Wenn da nicht dieser supercoole, braun gebrannte Begleiter neben ihr gewesen wäre, der in diesem Moment bei mir den Eindruck erweckte, dass es ihr Freund oder Mann sei. Erst im Nachhinein erfuhr ich, dass es sich um einen Geschäftspartner handelte, aber Stefania zu diesem Zeitpunkt dennoch bereits glücklich vergeben, verheiratet und Mutter von drei wunderbaren Kindern war.

Das Witzige, was sich erst viel später herausstellte, war die Tatsache, dass ich an diesem Tag bei ihrem Anblick fast verrückt geworden wäre, sie mich aber nicht einmal bemerkte. Nun ja, wie das Leben so spielt ...☺

Der nächste Tag sollte dann ein ganz besonderer werden. Auf dem Event waren über tausend Teilnehmer, der Saal war prall gefüllt, und ich hatte meinen Part als Speaker. Der Auftritt war perfekt, und nachdem ich meine Speech beendet hatte – da kam doch tatsächlich wie aus dem Nichts dieser blonde Engel auf mich zu.

Noch ehe ich die Situation überhaupt richtig realisieren konnte, rief sie mir zu: »Du warst der beste Speaker heute. Deine Rede hat mich wirklich inspiriert. Are you from Germany?«

Ich mochte es kaum glauben: Noch am Vorabend konnte ich bei ihrem Anblick fast nicht klar denken, geschweige denn dass ich meine Augen von ihr abwenden konnte. Und dann am nächsten Tag kam genau diese Person auf mich zu und machte mir in der Pause ein solches Kompliment. Ich Glückspilz, einfach unglaublich, damit hätte ich im Leben nicht gerechnet.

Natürlich kam ich aus Germany, und noch im selben Moment, als ich antwortete, sagte sie: »Oh, that's amazing, my husband too.« Mann, ich war wie vom Blitz getroffen, und mir schoss sofort der Gedanke durch den Kopf: Kannst du diesen letzten Satz bitte einfach weglassen?!

Sie erzählte mir, dass sie auch Geschäftspartner in Deutschland und Dubai habe, und fragte mich nach Tipps, wie sie ihr Business dort aufbauen und Partner gewinnen könne.

Hatte ich gerade richtig gehört? Sie wollte Tipps für den Aufbau in Dubai?

Hey, Du erinnerst Dich doch, zu Dubai hatte ich ja auch ich eine ganz besondere Beziehung.

Genauso außergewöhnlich und verrückt, wie wir uns kennengelernt hatten, ging es dann auch weiter.

Unsere nächste Begegnung fand zufällig am Zürcher Flughafen statt, nachdem mein ursprünglicher Flug gecancelt worden war und der neue Flieger einen Zwischenstopp in Zürich einlegte. Man kann sicher nachvollziehen, dass der Zwischenstopp an sich bei mir nicht gerade für Begeisterung sorgte. Aber nur bis zu dem Moment, als plötzlich wie aus heiterem Himmel Stefania in meinem Wartebereich auftauchte. Wie aus dem Nichts stand sie plötzlich vor mir, und ich dachte, ich traue meinen Augen nicht. Wir waren beide sehr überrascht, uns hier zu treffen – irgendwie konnte das doch kein Zufall sein!?

Normalerweise würde ich längst in einem anderen Flieger sitzen, und wir wären uns an diesem Tag niemals begegnet. Schon gar nicht in dieser Stadt und zu dieser Zeit. Und doch stand sie hier und wir redeten miteinander.

Aber die Serie an unglaublichen Zufällen riss auch danach nicht ab. Da wir seit unserem Meeting in Portugal geschäftlich in Verbindung standen und uns hin und wieder austauschten, erfuhr ich von ihr, dass sie bald wieder nach Dubai fliegen würde. Im selben Moment dachte ich schon wieder einmal: Das kann doch nicht wahr sein! Denn auch ich hatte eine Reise nach Dubai geplant.

Als ich ihr sagte, an welchem Datum ich nach Dubai fliegen würde, stellten wir fest, dass auch sie ein Ticket für beinahe den gleichen Zeitpunkt gebucht hatte. Der Zeitpunkt unserer Ankunft lag lediglich zwei Tage auseinander.

Es gibt Dinge, die kann man mit Logik nicht erklären. Genau das ist es, was ich meine. Manches, was zwischen Himmel und Erde passiert, soll einfach so sein, wir haben darauf keinen Einfluss.

Mal unabhängig davon, dass sich unsere Wege auf so unvorhergesehene Weise mehrfach kreuzten, änderten sich in den nächsten Monaten ein paar Dinge in Stefanias Leben grundlegend. Über unterschiedliche Quellen erfuhr ich, dass irgendetwas nicht passte und dass sich ihre private Situation irgendwie im Umbruch befand. Etwas hatte sich geändert, nur wusste ich nicht genau, was, denn sie war nicht besonders kommunikativ und auf Nachfragen eher zurückhaltend.

Wie ich dann doch herausfand, war der Grund dafür die Trennung von ihrem Mann, und wie man sicher nachvollziehen kann, hatte sie in diesem Moment eher das Bedürfnis nach Ruhe und den Wunsch, das alles zu bewältigen und einfach ein normales Leben mit ihren drei Kids zu führen.

Als ich dann jedoch erfahren habe, dass sie Single war und bereits alleine lebte, gab es für mich kein Halten mehr …

Das erste Mal geküsst haben wir uns dann schließlich bei unserem gemeinsamen Aufenthalt in Dubai, und ab diesem Moment habe ich sofort gewusst, dass ich sie heiraten werde.

Sie erwiderte meine Zuneigung, doch es sollte schließlich noch mehr als zwei Jahre dauern, bis es dann endlich so weit war. Sie wollte die Situation der Trennung erst verarbeiten und komplett abschließen, um einen neuen Schritt in ihrem Leben gehen zu können.

In diesen zwei Jahren, die wunderschön und dennoch eine nicht ganz einfache Zeit waren, waren wir beide uns auch nicht ganz schlüssig, wo wir später einmal gemeinsam leben würden. Für uns gab es einfach zu viele Möglichkeiten. Angefangen von Portugal über mein Heimatland Deutschland und ihr Heimatland Italien bis hin zu Dubai.

Nach intensiver Prüfung der verschiedenen Optionen und Abwägen von deren Pro und Kontra entschieden wir uns für Dubai, denn wir wussten: Wenn wir das wirklich machen wollten, dann mussten wir es einfach tun.

Auch im Business gab es Veränderungen. Stefania gab ihre Position auf, die sie ursprünglich mit einer Freundin in ihrem Network-Marketing-Geschäft gemeinsam aufbaute. Nach einer Wartezeit von sechs Monaten registrierte sie sich dann noch einmal komplett neu in meinem Team, und das, obwohl sie in ihrer alten Position bereits den Diamond-Rang hatte. Dies war eine sehr schwere Entscheidung, weil sie komplett neu und bei null beginnen musste. Gleichzeitig gab diese Entscheidung aber auch vielen Menschen Hoffnung, weil ihre Zuversicht, einfach alles noch einmal aufbauen zu können, genau das bestätigte, was wir den Menschen immer sagen: Erfolg im Network-Marketing ist wiederholbar und dieses Business erlernbar.

Unsere Hochzeit feierten wir auf den Seychellen. Ich mietete eine private Insel. Es war wie im Paradies, und die einzigen Personen bei der Zeremonie neben Stefania und mir waren die Mitarbeiterin des Standesamtes sowie unsere Wedding Planner, die als Zeugen fungierten. Den Part mit der Familie und mit unserem Pastor haben wir selbstverständlich in Dubai wiederholt. Dieses Mal am Strand vor dem Burj al Arab, dem einzigen Siebensternehotel auf der Welt. Welch unglaubliche Momente!

Ich liebe Network-Marketing. Ohne dieses Geschäftsmodell wäre das alles nur ein Traum geblieben.

Durch die Beziehung ergab sich nun für uns, besonders für mich, eine ganz besondere, neue, sehr spezielle Situation. Ich bekam Einblicke in eine Welt, die ich vorher nicht kannte. Im Prinzip über Nacht veränderten sich meine Lebensumstände von einem einfachen Single zu einer fünfköpfigen Familie mit drei »Bonus-kindern«.

Ich hatte ja von zu Hause einen eher einfacheren Background mit- gebracht. Man könnte sagen, ich war zum Zeitpunkt unserer Heirat ein junger Unternehmer, der dachte, dass er im Geschäftlichen schon viel erreicht hätte. Dennoch musste ich feststellen, wie klein ich selbst noch dachte und wie viel es da noch für mich zu lernen gab. Ich war sprichwörtlich der Einäugige unter den Blinden …!

Nicht so bei Stefania, sie war so ziemlich das komplette Gegenteil von mir. Man muss sich vorstellen, dass sie als Kind einer Mailänder Unternehmerfamilie groß geworden war und sich in ihrem Leben selten Gedanken über das Thema Geld machen musste. Ihre Eltern besaßen Modeboutiquen in Mailand, lebten ein erfolgreiches Leben, und sie empfand das eher als normal denn als ein Privileg.

Ihre Eltern schickten sie zur Ausbildung auf das beste Schweizer Internat, und dementsprechend elitär waren auch die Menschen, mit denen sie sich umgab. Wir reden hier von den Kindern oder Enkeln bekannter Wirtschaftsgrößen, von Politikern und Schauspielern, die sie zu ihren Freunden und Bekannten zählte. Menschen, die entweder durch das Privileg ihrer Geburt finanziell unabhängig waren oder aber deren Eltern durch geschäftliche oder unternehmerische Aktivitäten zu viel Geld gekommen waren.

Sie hatte im Gegensatz zu mir von Kindesbeinen an ein sozial höhergestelltes persönliches Umfeld, was auch zu einem anderen Mindset, einer anderen Weltanschauung und anderen Ansprüchen führte. Auch heute ist es noch so: Egal wo wir hinkommen, sie hat auf der ganzen Welt Bekannte, ist immer einen Schritt voraus und verfügt über ein Kontaktnetzwerk, von dem ich nur träumen kann. In fast jedem Land, das wir besuchen, ist sie schon einmal gewesen, sie kennt die Gepflogenheiten dort und vor allem die Menschen. Sie hat es einfach schon von zu Hause aus mitbekommen, und ich habe Spaß daran, von ihr zu lernen und mich inspirieren zu lassen.

Falls Du Dich fragst, warum ich das erzähle, dann lass dir Folgendes gesagt sein: Nicht weil ich in irgendeiner Art angeben möchte oder Dir sagen will, dass ich mit Stefania einen Glücksgriff getan habe. (Nun gut, vielleicht ein kleines bisschen … ☺) Nein, es geht vielmehr darum, aufzuzeigen, dass wir alle das Produkt unserer

Umwelt und Mitmenschen sind und dass mir durch die Beziehung zu ihr wieder einmal klar wurde, wie sehr man durch die Nähe zu den richtigen Menschen lernt.

Im Gegensatz zu mir war Stefania immer ein Mensch gewesen, der in Fülle lebte, aber nach ihrer Trennung verlor sie alles. Acht Schlafzimmer, Villa, Lifestyle, Einkommen, Privatschule für die Kinder. Sie schlief plötzlich mit ihren drei Jungs in einem Schlafzimmer im Ferienappartement ihrer Eltern und fuhr mit dem orangefarbenen Strandauto durch Portugal, um ihr Business aufzubauen.

Die Motivation, ihre bisherige Lebensweise für sich und ihre Kinder wieder zurückzugewinnen, ließ sie sprichwörtlich zu einer Löwin werden. Sie arbeitete Tag und Nacht an ihrem Network-Marketing-Business, machte Präsentationen immer und überall. Liebte und teilte die Produkte. Ich habe vorher noch nie jemanden so hart arbeiten sehen. Das hat mich inspiriert.

Sie hatte ein Millionaire-Mindset, und für sie war schon immer klar, dass sie dieses Geld wieder verdienen würde. Geld ist immer vorhanden in ihren Gedanken. Sie wusste schon immer, was sie wert ist. Und da Gedanken immer die Vorstufe der physischen Realität sind, kam es bei ihr dann meistens so, wie sie es sich vorstellte.

Im Gegensatz zu mir, der ich ein von den Zahlen, Daten und Fakten getriebener Mensch und mir bewusst bin, dass Geld nicht vom Himmel fällt, ist das bei ihr alles ganz anders. Sie ist unheimlich emotional und in der Lage, immer noch größer, bunter und kreativer zu träumen. Genau diese unlimitierte Denkweise fasziniert und inspiriert mich unheimlich.

Ihre Emotionen sind der Türöffner zu einer Welt voller unendlicher Ressourcen und Möglichkeiten.

Sicher kennst Du den Spruch: Der Bauch ist das bessere Gehirn! Doch was will uns dieser Spruch sagen? Wenn wir immer nur nachdenken und »verkopft« sind, limitieren wir uns selbst massiv.

Wenn wir aber unserem Bauchgefühl und unseren Emotionen folgen, wird Unmögliches möglich. Wenn wir unserer Intuition vertrauen, zapfen wir die größte menschliche Ressource an, die es überhaupt gibt.

Stefania hat durch Gott ein unglaubliches Urvertrauen und eine starke Zuversicht, dass bestimmte Dinge einfach funktionieren werden.

Eines unserer ersten Gespräche, an das ich mich besonders gerne erinnere, war eine Unterhaltung, in der es um unsere gemeinsamen Finanzen ging.

Wer sich ein wenig auskennt, der weiß vermutlich, dass Dubai ein Land mit sehr interessanten Steuergesetzen ist, auf der anderen Seite aber sündhaft teuer. Das beginnt bei stattlichen Mieten und geht weiter über exorbitante Lebenshaltungskosten bis hin zu hohen Ausgaben für Spaß und Freizeitaktivitäten.

Ich war zum damaligen Zeitpunkt recht froh und auch stolz auf die 100 000 Euro, die ich angespart hatte. Aber durch das Gespräch mit Stefania wurde mir recht schnell klar, dass ich ein »Kleindenker« war und dass unsere aktuellen Einkünfte bei Weitem nicht für ein gemeinsames Leben in unserer Wahlheimat ausreichen würden.

Wenn man bedenkt, was ein repräsentatives Haus in Dubai kostet, dass die Miete oft ein Jahr im Voraus zu entrichten ist und dass es alleine schon 5000 Euro monatlich kostet, um nur mal die Kinder zur Schule zu schicken, dann wird recht schnell klar, dass wir bei Weitem mehr brauchten.

Der Anfang war hart und nicht einfach, doch während ich noch rechnete, ob sich das alles irgendwie realisieren lässt, war für meinen Schatz schon alles sonnenklar. Für sie stellte sich nicht die Frage nach dem Ob, sondern nur die nach dem Wie, und sie kam schnell zu dem Schluss, dass wir mindestens das Fünffache im Monat brauchten.

Das Allerbeste an Stefania ist aber, dass sie nicht nur zu der Erkenntnis kam, dass wir viel mehr brauchten, sondern sie auch extrem zuversichtlich war, dass es auch einfach machbar sein würde, dieses Einkommen mit unserem Business zu erreichen.

Wir haben dank unserer Arbeitsweisen interessante Entdeckungen gemacht. Ich war sehr erfahren im Bereich Network-Marketing, besaß sehr guten Content und konnte auf jede Frage eine Antwort geben. Wenn ich ein Training veranstaltete, dann war es immer »rocksolid« und hatte Hand und Fuß. Ich war also sehr inhaltsorientiert.

Und dennoch: Obwohl Stefania wesentlich weniger Erfahrung hatte, baute sie innerhalb von kürzester Zeit eine rasante Gruppe auf und überholte sogar mich in der Position.

Wie war das möglich? Die Antwort: Sie ist »menschenorientiert«. Während ich auf ein Meeting ging und das beste Training ablieferte und danach nach Hause fuhr, so erzählte sie auf dem Meeting ihre Geschichte mit Herz und blieb dann bis zwei oder drei Uhr morgens mit dem Team zusammen. Du kannst Dir vorstellen, dass ihre Gruppe explodierte und ihre Verbindung zur Gruppe eine komplett andere Qualität aufwies als meine.

Zusammenfassend habe ich also vier Big Points von Stefania gelernt:

1. *Think bigger – Denke größer!*
2. *Work harder – Arbeite härter!*
3. *Care more – Die Menschen müssen Dir wichtiger sein!*
4. *Build a community – Schaffe eine Gemeinschaft!*

Danke, mein Schatz, für Deine unlimitierte Art zu denken und dafür, dass Du weniger mit dem Kopf, sondern vielmehr mit dem Herzen denkst!

Vielen Dank, dass ich so viel von Dir lernen durfte. Du hast zusammen mit den Kindern nicht nur mein Leben schöner, sondern auch mich zu einem besseren Leader und zu einem besseren Menschen gemacht.

Proximity is Power

Durch unsere Geschichte möchte ich Dich auf etwas unglaublich Spannendes aufmerksam machen. Nämlich darauf, dass uns die Menschen, mit denen wir uns umgeben, prägen und dass wir uns ihrem Einfluss nicht entziehen können.

Obwohl ich mich schon sehr lange und intensiv mit diesem Thema beschäftigt hatte, wurde mir durch Stefanias Einfluss von Neuem klar, wie wichtig dieser Effekt ist.

Was würde passieren, wenn Du in Zukunft bei der Auswahl aller Menschen, die eine tragende Rolle in Deinem Leben oder Business spielen sollen, noch anspruchsvoller wärst als bisher? Was würde in Deinem Leben alles so passieren und sich positiv verändern?

Mit welchen Menschen umgibst Du Dich aktuell? Wer nimmt am meisten Einfluss auf Dein Leben, und mit wem verbringst Du die meiste Zeit?

Wessen Wort hat für Dich das meiste Gewicht, und auf wessen Meinung legst Du Wert? Geben Dir die Menschen, mit denen Du Dich umgibst und den größten Teil Deines Lebens verbringst, Kraft, oder sind es Energieräuber? Sind diese Menschen Vorbilder für Dich oder eher Warnung? Bestärken sie Dich in dem, was Du tust, oder gehören sie zu den ewig Negativen, zu den Mahnern und Bedenkenträgern, oder zu den Menschen, die ausschließlich in der Vergangenheit leben?

Gehören diese Menschen zu denen, von denen Du etwas lernen kannst und auch willst?

Was würde bei Dir passieren, wenn Du den einen oder anderen Menschen aus Deinem Umfeld oder Deiner Familie mal auf den

Prüfstand stellst? Bist Du vielleicht jemand, der, ohne dass er es merkt, jeden Tag Kompromisse eingeht? Du bekommst, was Du tolerierst!

Was würde passieren, wenn es in Zukunft mehr Menschen unter Deinen Bekannten und Freunden gäbe, die finanziell frei sind? Mehr Menschen, die Dir Energie geben, anstatt sie Dir zu nehmen?

Mehr Menschen, die Dich fördern und an Dich glauben, anstatt Dir zu erklären, das Du keine Chance hast? Mehr Menschen, deren Lebensinhalt darin besteht, andere zu fördern und groß zu machen, als ihnen zu erzählen, dass sie nicht gut genug sind, und sie ein Leben lang kleinzuhalten?

Du meinst, das gibt es nicht? Da muss ich Dir widersprechen, denn ich habe in den letzten Jahren Hunderte, ja Tausende solcher Menschen in der Network-Marketing-Branche kennengelernt. Ich habe unzählige Persönlichkeiten getroffen, die genau so sind oder sich in dieser Weise entwickelt haben. In diesem Business triffst Du einzigartige Menschen und hast die Chance, Dir ein unglaublich positives neues Umfeld aufzubauen.

Im Prinzip beruht unser gesamtes Geschäftskonzept darauf, Menschen eine bessere berufliche Heimat zu geben und sie durch persönliche Mentorship zu erfolgreicheren Persönlichkeiten zu entwickeln. Egal ob im zwischenmenschlichen, im beruflichen und unternehmerischen oder auch im finanziellen Bereich.

Das Problem ist, dass zu viele Menschen denken, es gehe darum, recht zu haben oder aber »realistisch« zu sein. Dabei handeln Menschen nicht nach der Realität, sondern nach ihrer subjektiven Wahrnehmung der Realität.

Um erfolgreich zu werden, geht es also nicht um Realismus, sondern um Empowerment. Und wenn Du alle Brücken verbrennst, also alle anderen Optionen eliminierst, und deinen Erfolg zu einem *Muss* machst, dann wirst Du auch erfolgreich.

Ich habe einmal in einem Buch gelesen: *Die Masse hat fast immer unrecht.* Was im ersten Moment vielleicht spontan Widerspruch hervorruft, ist im Grunde leicht zu verstehen und nachzuvollziehen. Das Ergebnis, das die Masse erzielt, nennt man Durchschnitt. Wenn Du also deren Denkweisen und Weltanschauungen übernimmst, dann wird Dein Ergebnis auch genauso aussehen: Durchschnitt. Für einen Leader ist es genau aus diesem Grund alleine schon untragbar, sich an der Masse zu orientieren.

> *Wer mehr erreichen will als der Durchschnitt, muss sich aktiv mit den richtigen Menschen umgeben*

Fakt ist auch, dass es sehr schwer sein wird, besser und größer zu denken und damit auch erfolgreicher zu werden, wenn man sich nicht proaktiv mit entsprechenden Vorbildern umgibt und die richtigen Mentoren im Leben sucht. Glaub mir, dass man, egal auf welchem Level man sich bewegt, immer wieder genau diese Menschen suchen muss. Nämlich Menschen, von denen man lernen kann, die besser sind als man selbst und die den Weg, den man beschreiten will, schon gehen oder gegangen sind.

Und noch etwas. Dass es dabei nicht immer nur um einzelne Menschen gehen kann, sondern um das *gesamte Umfeld,* ist mir ganz intensiv bewusst geworden, als Stefania und ich dann endlich unseren Wohnsitz nach Dubai verlegten. Das war eine unglaubliche Veränderung!

Man muss sich vorstellen, dass wir dort vollkommen neu gestartet sind und auf alles verzichtet haben, was uns bisher lieb und teuer war. Unser gewohntes Umfeld, Freunde, Familie, Geschäftspartner, Meetings, Infrastruktur, einfach alles war von einer Woche auf die andere unheimlich weit weg. So fremd und ein wenig unbehaglich das auf der einen Seite auch war, so inspirierend und motivierend war die neue Umgebung vom ersten Tag an. Altes loszulassen, birgt immer neue Chancen, und da wir das nicht ungeplant taten, sondern mit dem entsprechenden Bewusstsein und einer konkreten Vision, war uns klar, wir würden nicht lange fremd sein …!

Gleichzeitig bekamen wir recht schnell die Gewissheit, die richtige Entscheidung getroffen zu haben, denn Dubai war und ist aus unserer Sicht genau der richtige Ort, um nun den nächsten Step zu gehen ein wirklich großes und internationales Movement aufzubauen. Dubai ist das Tor zur gesamten Welt, und von wo, wenn nicht von hier aus, sollte *unityglobal* sonst expandieren?

Der Einfluss so vieler unterschiedlicher Kulturen, die Art und Weise zu kommunizieren, mit Problemen umzugehen, über Geld zu denken, Geschäfte zu machen, die Zukunft zu sehen, und natürlich die atemberaubende Kulisse des Emirats forderten auch von uns als Familie ein hohes Maß an Anpassungsfähigkeit, aber genau das war es, was wir wollten.

Wir wollten uns neuen Reizen aussetzen und wir wollten uns neu anpassen müssen, denn wir wussten, das größte Problem oder auch das größte Hindernis für die Weiterentwicklung von uns Menschen ist meist die eigene limitierte Vorstellung von unserer Identität. Du bist, was Du denkst. Und viele Menschen denken zu klein, auch über sich selbst.

Das größte Hindernis für die Weiterentwicklung von uns Menschen ist die limitierte Vorstellung von unserer Identität

Die Menschen bleiben gerne bei dem, was sie kennen, sie bleiben gerne unter den Menschen, die sie gewohnt sind, und leben gern das Leben, so wie sie es kennen. Aber das wollten wir nicht!

Ich wusste, wenn wir ein wirklich globales Business aufbauen und vielen Menschen auf der ganzen Welt einen besseren Weg aufzeigen wollten, dann würde das nicht gehen, indem wir voll und ganz unsere europäische Identität behielten, und noch ein Stück mehr als Stefania war ich gezwungen, ein echter Kosmopolit zu werden. Durch die räumliche Entfernung, die Abkopplung von meinen bisherigen Strukturen und Führungskräften, und dadurch, dass ich nicht mehr für alle und jeden verantwortlich sein konnte, entstand für mich auf einmal ein vollkommen weißer Fleck auf meiner bisher dicht besetzten Businesslandkarte. Ich hatte nun die Möglichkeit, die Zeit und das unbändige Verlangen, wieder echte Pionierarbeit zu leisten. Dubai war wie für mich gemacht, ein Ort für echtes »Stunde-null-Geschäft«, ein Ort, um wieder einmal zu zeigen, was es heißt, ein echter Network-Marketing-Professional zu sein. Dubai war der Ort, um exponentielles und nicht lineares Wachstum zu kreieren.

Hier war für Stefania und mich nicht nur the place to be, nein, von hier aus würden wir Geschichte schreiben. Als internationales Hub. Von hier aus in die ganze Welt.

Der Weg nach Dubai und insbesondere der geschäftliche Start dort sollten sich alles andere als »normal« erweisen. Mehr noch, die Situation glich einem Spiel, bei dem wir alles auf eine Karte gesetzt hatten, um in die nächsthöhere Liga aufzusteigen – und doch hatte dieser Step viel mehr mit meiner ganz großen Vision als mit Blauäugigkeit zu tun.

Dennoch war es ein klein wenig verrückt, einfach so den Wohnsitz nach Dubai zu verlegen, denn unsere Company war noch nicht einmal dort aktiv.

Ja, Du hast richtig gelesen: *Es gab keine geschäftlichen Aktivitäten unserer Firma in Dubai!*

Während in Deutschland und vielen anderen europäischen Ländern die Aktivitäten unseres Partnerunternehmens auf Hochtouren liefen, war der Wüstenstaat noch nicht eröffnet, und es sah auch nicht danach aus, dass das bald passieren würde.

Was das heißt, können sich sicherlich nur die wenigsten oder aber nur absolute Network-Profis vorstellen. Es gab weder offizielle Zulassungen der Company noch verkäufliche Produkte, Infrastruktur, Ansprechpartner oder geschäftlichen Support vor Ort – einfach *gar nichts.*

Und trotzdem hatte ich mir in den Kopf gesetzt, dafür zu sorgen, dass sich das ändern würde. Meine Vision vom weltweiten Business mit Dubai als Drehund Angelpunkt und Steuerungszentrale für unsere Orga war einfach zu groß.

Der Spagat unserer Aufgabe bestand also darin, unsere bereits bestehenden Geschäftspartner, Teams und Strukturen in Europa zu führen, gleichzeitig Dubai aufzubauen und alles in unserer Macht Stehende dafür zu tun, dass mir meine eigene Company nicht im Weg stand, während ich diesen Markt eröffnen würde. Denn von deren Seite war bis dato nicht das geringste Interesse vorhanden, in dieser Region geschäftlich überhaupt aktiv zu werden.

Die Gründe dafür kannte ich persönlich nicht im Detail, aber ich gehe davon aus, dass man sich vonseiten der Geschäftsführung erst einmal auf das Business in Europa konzentrieren wollte. Mir war aber klar, dass die Wahrscheinlichkeit für das geschäftliche Engagement eines Network-Marketing-Unternehmens in einem Land, einer Region ganz einfach vom Umsatz abhängig ist. Daher nahm ich mir vor, diesen Umsatz zu entfachen, die Strukturen zu bauen und dafür zu sorgen, dass es in Dubai bald viele Menschen geben würde, die sich für die Produkte und eine geschäftliche Zusammenarbeit mit meiner Company interessierten würden.

Ich hatte mir vorgenommen, in Dubai nicht nur Umsatz zu generieren und Partner zu gewinnen, sondern sah mich als echten Pionier und »Farmer«, der dafür sorgt, den perfekten Nährboden dafür zu schaffen, dass sein Partnerunternehmen ein komplettes neues Land eröffnen wird.

Mehr als ein Jahr lang habe ich diskutiert und gefightet, um die Unternehmensführung umzustimmen. Ich habe unheimlich viel Corporate-Arbeit geleistet und alle möglichen Hebel in Bewegung gesetzt, die mir zur Verfügung standen. Ich habe Dokumente und

Zertifikate drucken und unendlich viele Übersetzungen machen lassen, mit Ämtern und Institutionen verhandelt und Stunden bei Behörden verbracht, um zu helfen, die korrekten rechtlichen Grundlagen und Rahmenbedingungen für den Start in Dubai zu schaffen. Ich habe um Zulassungen gekämpft und versucht, das Schicksal durch Fleiß und Schweiß zu meinen Gunsten zu bezwingen.

Du kannst Dir gar nicht vorstellen, wie sehr ich das alles wollte. So sehr, dass ich bereit war, fast zwei Jahre lang die doppelte, wenn nicht gar dreifache Belastung auf mich zu nehmen im Vergleich zu einem Networker, der einfach nur im Organisationsaufbau arbeitet.

Diese zwei Jahre, in denen Stefania und ich versuchten, in Dubai Fuß zu fassen, waren geprägt von unglaublich vielen Unsicherheiten und Rückschlägen. Mal abgesehen davon, dass wir nach wie vor sehr oft in Europa, insbesondere in Italien und Deutschland, unterwegs waren, um unser dortiges Business weiter voranzubringen und zu stabilisieren, investierten wir mindestens genauso viel Zeit in Dubai. Wir fingen an, uns langsam, aber sicher zurechtzufinden, sesshaft zu werden und uns einzuleben.

Allerdings kam aus Dubai bislang nicht ein einziger Cent an Einkommen. Im Gegenteil, Dubai »verschluckte« schlichtweg alles, was uns aus anderen Regionen an Einkommen zufloss, und unsere Lebensumstände waren alles andere als geordnet. Obwohl wir über ein sehr gutes Einkommen verfügten, forderte unser neuer Wohn- und Geschäftssitz einfach seinen Tribut.

Ich kann mich noch gut daran erinnern, wie Stefania und ich Nachtund Sonderschichten einlegten, um unsere hohen Kosten, zu denen auch das Schulgeld für die Privatschule unserer drei Kinder gehörte, begleichen zu können. In dieser Zeit lebten wir teilweise mehrere Wochen komplett aus dem Koffer, weil wir wieder einmal durch halb Europa von Hotel zu Hotel reisten, um Meetings und Geschäftspräsentationen abzuhalten. Wir fühlten uns wie im Kampf um unser Leben, und es war eine Zeit, die all unsere Kraft und Leidenschaft forderte und unserem Nervenkostüm unheimlich viel abverlangte. Aber es war auch eine Zeit, in der sich viel verändern sollte, und zwar zum Positiven.

Als Führungskraft war es mir damals durch den Wohnsitzwechsel nach Dubai erstmalig wirklich gelungen, Leadership zu duplizieren, indem ich in Deutschland eine Core-Group gründete. Das bedeutete, dass ich einen Großteil der Verantwortung, die ich als Leader vor Ort bisher zu hundert Prozent selbst getragen hatte, an genau dieses Core-Team abgab – eine erlesene Auswahl meiner aktivsten, fähigsten und erfolgreichsten Partner in Deutschland. Ein weiterer wichtiger Punkt war es, die Verantwortung vor allem an die Menschen abzugeben, die die Werte unseres Teams verstanden und lebten.

Die Installation der Core-Group sorgte dafür, dass sich die Verantwortung für unser Wachstum von nun an auf viel mehr Schultern verteilte, dass viele administrative und Management-Aufgaben nicht mehr nur von mir zu erledigen waren und dass sich Führungskräfte von nun an selbst noch besser entwickeln konnten. Was aber noch viel besser war: Ich gewann dadurch Zeit und Freiräume, die ich für meine Aktivitäten in Dubai dringend benötigte. Während sich nämlich in Deutschland meine Leadership wirklich duplizierte und sich vollkommen autark und eigenständig arbeitende Führungskräfte entwickelten, fühlte ich mich in Dubai wie ein einsamer Söldner, der nahezu aussichtslos gegen Windmühlen kämpft. Nichts ging voran.

Als hätte es nicht schon gereicht, dass ich mich in Dubai förmlich zerrieb und alle meine Ressourcen einsetzte, sollte es noch einmal viel schlimmer kommen. Oder auch besser? Ich kann Dir jetzt schon sagen, dass es ein Happy End geben wird, aber in der jeweiligen Situation kommt es immer drauf an, wie man selbst bestimmte Ereignisse bewertet. Deswegen möchte ich Dir die Vorkommnisse möglichst neutral schildern und Dich fragen, was Du in der nachstehend beschriebenen Situation getan hättest.

Stell Dir vor, Du kämpfst als Networker um die Eröffnung eines neues Marktes und hast den juristischen Teil der Aufgabe nach über einem Jahr endlich hinter dir (und dafür mehr als 100 000 US-Dollar investiert). Gleichzeitig hast Du auf internationalem Niveau unheimlich viele »Baustellen«, um Dein bestehendes Business weiter voranzubringen. Du weißt manchmal nicht, wo Du eigentlich wohnst, weil Du nur unterwegs bist, Dein Familienleben fühlt sich eher an wie ein internationales Organisationsbüro, und finanziell geht es, wenn auch auf einem sehr hohen Level, ausgesprochen »sportlich« zu.

Genau in dem Moment, in dem Dein Leben also nicht anspruchsvoller sein könnte, erreicht Dich plötzlich wie aus heiterem Himmel die Nachricht, dass die MLM-Company, der Du angehörst, von einem anderen Unternehmen aufgekauft wird.

Ja, genau das war die Situation damals: Wir standen kurz vor der Übernahme durch einen noch größeren Player.

Die Nachricht verbreitete sich in Windeseile in meiner Organisation, und wie Du Dir sicher vorstellen kannst, verfielen die meisten meiner Partner in eine Schockstarre, mehr noch, viele von ihnen waren wie paralysiert und »legten sofort die Arbeit nieder«. Eine schier unglaubliche Unsicherheit machte sich breit, weil keiner konkret wusste, wie es nun weitergehen würde. Jeder hatte Fragen im Kopf: Was wird nun mit uns passieren? Wann erfolgt die Übernahme? Wird die neue Company alle Vertriebspartner übernehmen? Was wird aus unseren Kunden und unseren Provisionen? Und: Wer ist überhaupt dieses neue Unternehmen?

Wir hatten alles, nur keine konkreten Informationen. Mehr oder weniger in einem Vakuum gefangen, hatten wir das Gefühl, in einem Hochgeschwindigkeitszug zu sitzen, bei dem während voller Fahrt die Notbremse gezogen wurde. Diese Situation war unerträglich und für den Moment einfach nur der Super-GAU. Nicht nur meine Zukunftsvision mit Dubai stand auf dem Spiel, sondern alles, was wir bisher aufgebaut hatten, noch dazu.

Ich gebe zu, auch ich brauchte ein wenig Zeit, mir der Tragweite dieser Information einigermaßen bewusst zu werden. Doch es dauerte nicht lange, bis ich eine Entscheidung gefällt hatte. Innerhalb weniger Stunden wurde mir klar, dass wir uns in einer Situation befanden, in der sich ganz hart die Spreu vom Weizen trennen würde, und dass hier echte Leadership auf ganz hohem Niveau gefragt war. Ein Schiff bei schönem Wetter zu steuern, kann jeder, den Tanker aber sicher durch die stürmische See zu manövrieren, das war nun die Aufgabe. Wer sollte diese Aufgabe übernehmen, wenn nicht ich?

Meine Entscheidung, die ich in an jenem Tag traf, stand unverrückbar fest: Ich würde meine Gruppe durch diese unsichere Zeit führen! Und ich würde alles dafür geben, für jeden Einzelnen meiner Partner das Allerbeste aus dieser Situation herauszuholen! Wir würden als Gewinner aus der Herausforderung hervorgehen.

Ich wusste natürlich auch nicht, was kommen würde, aber ich wusste eines: Nichts zu tun und in komplette Inaktivität zu verfallen war das Schlechteste, was wir tun konnten. So viel war klar. Auf der einen Seite gab es zwar viele Unklarheiten, aber andererseits bot eine solche Übernahme auch Chancen, und auf genau diese Chancen konzentrierte ich mich. Ich schwor mein Team ein, wie ich es noch niemals zuvor getan hatte, denn ich wollte nicht einen einzigen meiner Partner in dieser unsicheren Zeit verlieren. Ich wollte, dass wir als geschlossene Einheit da durchmarschierten, und rief die Gruppe dazu auf, so hart zu arbeiten wie niemals zuvor:

> *Arbeitet so, wie ihr noch nie gearbeitet habt, und wir werden massiv von dieser Situation profitieren. Lasst uns Ergebnisse produzieren, wie sie keiner hat, und wir werden als Sieger aus diesem Übernahmepoker hervorgehen. Diese aktuelle Situation ist das Beste, was uns passieren konnte! Ich habe noch nicht alle Informationen, aber das wird der größte Merger, den die Branche je gesehen hat. Wir sind mittendrin statt nur dabei!*

Arbeitet so,
wie ihr noch nie
gearbeitet habt,
und wir werden ***massiv von dieser Situation profitieren.***

Lasst uns
Ergebnisseproduzieren, wie sie
keinerhat,
und wir werden als Sieger
daraus hervorgehen.

Ich schlief zu dieser Zeit nur wenige Stunden pro Tag, weil ich über alle mir zur Verfügung stehenden Kanäle mit meinen Partnern verbunden sein wollte, um ihnen den Glauben an unsere Sache zu geben, den sie in dieser Zeit brauchten. Ich wusste, selbst wenn meine Partner selbst noch nicht an sich und diese neue Situation glauben konnten, so mussten sie einfach nur sehen, dass ich daran glaubte. Und das tat ich. In blindem Vertrauen Vollgas nach vorne.

Aufgabe des Leaders ist es, seinem Team Glauben an die Sache zu geben

Ich bin heute noch der festen Überzeugung, dass es genau das ist, worum es im Network-Marketing geht und woran man einen echten Leader erkennt: Verantwortung und Leadership in schwierigen Zeiten zu übernehmen und den Menschen im Team die Kraft und den Glauben an die Sache zu geben, wenn sie ihn selbst noch nicht gefunden oder gerade verloren haben.

Das Glück sollte auf unserer Seite sein. Nach einigen Wochen der Unsicherheit und einer einstweiligen Verfügung gegen den Merger, die dann aber überwunden wurde, war es endlich so weit. Das lange Warten hatte ein Ende, und während fast alle Crossund Sidelines in der letzten Zeit in komplette Inaktivität verfallen waren, konnte ich mit einer professionell vorbereiteten und hoch motivierten Organisation in diese Übertragung hineingehen. Alle

Führungskräfte bis in die untersten Führungsstufen wussten präzise, was zu tun war, bestehende Produktnutzer waren perfekt auf neue, noch bessere Produkte vorbereitet, und Tausende konnten es kaum erwarten zu bestellen.

In der Nacht der Übernahme waren wir alle vor dem Rechner und bereit, bewaffnet mit Kreditkarten und fest entschlossen, das System an seine Grenzen zu schicken.

Wir waren so gut auf diesen Restart vorbereitet, dass wir bereits in der Nacht des Übernahmezeitpunktes sage und schreibe mehr als 250000 US-Dollar Umsatz machten. Wohlgemerkt, eine viertel Million Dollar über Nacht und zu einer Zeit, als die meisten anderen noch nicht einmal wussten, wie es weitergehen wird! Wir hatten einfach nichts dem Zufall überlassen und waren Gestalter und nicht Opfer der Situation. Wir waren vorbereitet, und vor allem waren wir begeistert.

Um das Team so gut wie möglich führen zu können, habe ich innerhalb der ersten Tage so viele Verbindungen in die neue Company geknüpft, wie man es sich nur schwer vorstellen kann. Ich bin persönlich in die USA geflogen, um sofort alle wichtigen Personen im Headquarter und auf der administrativen Seite der Company kennenzulernen. Ich habe die Founder und deren Sohn nach Dubai zum Essen eingeladen und habe Gespräche mit der Compliance-Abteilung geführt. Ich war auf der Convention in Singapur und habe mich mit allen Menschen innerhalb dieser Company vernetzt, um den besten Input und Know-how für mein Team zu bekommen. Ich war in der Produktqualitätsabteilung und habe den wissenschaftlichen Beirat interviewt. Und last but not least habe ich direkt in den USA im Headquarter tagelang mitgeholfen, Tausende Orders abzuwickeln, den Support zu unterstützen, während der Übernahme »Feuerlöscher« für mein Team zu spielen und Hunderte von kleinen oder großen Herausforderungen vor Ort direkt und manuell zu lösen und einfach dafür zu sorgen, dass in der Übergangszeit alles glattging.

»Glatt«, das war die Idealvorstellung. In Wirklichkeit mussten wir eine solche Flut an Dingen bearbeiten und hatten so viele Fragen zu beantworten, von Hunderten von Personen zur gleichen Zeit, dass zeitweise der komplette Kundendienst zusammenbrach. Wir konnten uns vor Umsatz aus meiner Orga zwar kaum retten, aber das musste irgendwie gehandelt werden. Wenn ich zu dieser Zeit nicht vor Ort gewesen wäre, wären unsere Bemühungen wahrscheinlich implodiert, aber so kriegten wir es hin. Alle »rannten« wie verrückt, und man merkte nach einiger Zeit, dass eine ungeheure Welle der Erleichterung, Freude und Euphorie durch meine Downline ging. Wir hatten aufgrund der neuen, revolutionären Produkte viele begeisterte neue Produktanwender und glückliche Vertriebspartner, der Umsatz überrollte uns förmlich.

In Zahlen bedeutete das Folgendes: Im besten Monat nach fünf Jahren innerhalb der alten Company hatte mein Team einen Höchstumsatz von 380 000 US-Dollar gemacht, in diesem ersten Monat innerhalb der neuen Company waren es sage und schreibe 838 920 US-Dollar! Das war mehr als das Doppelte, und das gleich zu Beginn.

Das Allerbeste kam jedoch noch on top dazu. Nicht nur, dass wir wie ein Spaceshuttle in den Orbit schossen und Umsätze generierten, die wir uns bis dato niemals hätten träumen lassen. Nein, ab diesem Zeitpunkt brauchte ich mir keine Gedanken mehr über meine Vision und mein Business in Dubai zu machen.

Auch wenn das jetzt fast märchenhaft, wie eine Geschichte aus Tausendundeiner Nacht, klingt und auch ich es damals beinahe nicht fassen konnte, war die neue Firma mit allem Drum und Dran schon in Dubai aktiv. Und zwar nicht nur ein bisschen, sondern mit wirklich allem, was man an Infrastruktur braucht, um ein gutes Geschäft aufzubauen. Quasi über Nacht hatten all meine bisherigen Mühen ein Ende, und meine Aktivitäten der letzten Monate brauchten nicht weiterverfolgt zu werden. Ich hatte mir das zwar alles ganz anders vorgestellt, aber schlussendlich war mein Ziel mit Gottes Hilfe auf einem anderen Weg erreicht.

Auch ein besonderer Moment: zu realisieren, dass man sich die gesamten letzten zwölf Monate mehr oder weniger hätte sparen können. Aber mit ein wenig Flexibilität im Ansatz war es so einfach das Beste. Und daher war die Freude auch übergroß!

Der Weg war damit ein für alle Mal frei, und ich konnte mich wieder auf das konzentrieren, was ich am besten kann und wofür man als Network-Professional bezahlt wird. Ich hatte nichts mehr mit »normalen« unternehmerischen Aufgaben zu tun, war ausschließlich Distributor und darauf fokussiert, Kunden zu begeistern, Geschäftspartner zu gewinnen, in Dubai den Erfolg früherer Tage zu duplizieren und mich um den Aufbau und die Vision von *unityglobal* zu kümmern.

Feuerwerk und Dankbarkeit

Um Geschichte zu schreiben, bedarf es natürlich außergewöhnlicher Aktivitäten. Was noch viel wichtiger ist, es bedarf außergewöhnlicher Ergebnisse.

Deswegen wollten wir von Dubai aus genau das tun, was im Network-Marketing an allererster Stelle steht – nämlich neue Teams aufbauen und möglichst vielen Menschen dabei helfen, noch schneller erfolgreich zu werden als wir selbst.

Wir wollten uns hier auf keinen Fall nur zurückziehen, ein angenehmes Leben führen oder auf unseren Erfolgen ausruhen. Nein, wir wollten Vorbilder für alle unsere Partner in Europa, auf der ganzen Welt und für die gesamte Network-Marketing-Branche sein. Wir wissen, dass die beste Werbung für unser Business die ist, aktiv zu zeigen, dass unser Konzept funktioniert, und zwar egal wo auf der Welt.

Deshalb waren wir hier in Dubai auch von Anfang an im sogenannten »Buildermodus«, denn was gibt es Schöneres als den Zauber des Neustarts …! Alles funktionierte genauso, wie es vor ein paar Jahren auch in Deutschland angefangen hatte. Erst Meetings zu Hause im Wohnzimmer. Dann habe ich einen Hotelraum gemietet, in dem die ersten Opportunity-Meetings stattfanden, wir haben täglich neue Interessenten eingeladen, unsere Geschichte und Testimonials geteilt, und ich habe mich um den Aufbau der Leader der ersten Stunde hier im Emirat gekümmert.

In den letzten Monaten sind aus diesen »First Movern« Führungskräfte entstanden, auf die ich wahnsinnig stolz bin. Und, was soll ich sagen, aktuell finden bereits wöchentlich Geschäftspräsentationen statt, die von diesen Leadern eigenständig durchgeführt werden.

Das Schöne dabei ist, wir haben hier nichts Neues erfunden. Wir machen alles so, wie wir es gelernt haben, und unser Konzept der Duplikation funktioniert genauso wie in »good old Germany«! Tendenz exponentiell steigend und mit weltweiter Expansionsgarantie!

Für durchschnittliche Networker wäre das Level, das wir aktuell erreicht haben, sicherlich das Erstrebenswerteste, was man sich überhaupt vorstellen kann. Ja, wir sind auch sehr dankbar für die unglaublichen Erfolge, die wir zusammen mit unseren Partnern feiern und genießen dürfen. Aber wir sind noch lange nicht zufrieden, denn das, was uns am meisten motiviert, ist die Chance, mit *unityglobal* etwas wirklich Großes und noch nie da Gewesenes zu schaffen. Wir sind, wenn man das so sagen kann, wirklich zur richtigen Zeit am richtigen Ort, und das Schicksal meint es gut mit uns. Das erfüllt uns mit Demut und gibt uns unglaubliche Energie, die wir gerne zum Vorteil aller mit vielen anderen Menschen auf der ganzen Welt teilen wollen.

Nicht nur dass es uns in den letzten Jahren gelungen ist, eine wirklich außergewöhnliche Gruppe von absoluten Topleadern aufzubauen, nein, wir haben es auch geschafft, eine Handvoll Träumer zu einer echten Instanz in unserer Branche zu formen, die in der Lage ist, eine wirkliche Delle ins Universum zu hauen. Wir haben es geschafft, eine Kultur des Wachstums und der unbegrenzten Möglichkeiten innerhalb unserer Organisation aufzubauen, um die uns viele andere beneiden und die letztendlich die Grundlage für das Momentum ist, das wir gerade erleben.

Ja, wir haben es geschafft, dass man uns selbst in den USA kennt und positiv über uns redet, und das ist so etwas wie ein Ritterschlag, denn die USA sind das Mutterland von Network-Marketing, und gemessen an den dortigen Ergebnissen waren europäische Maßstäbe und Aktivitäten lange Zeit eher weniger beachtenswert.

Wie sagte Jim Rohn doch so schön: »Trust me, your time will come!« Und daran glauben wir mehr als an alles andere! Wir haben mittlerweile das Know-how, die Mentorship, die Infrastruktur, den Spirit und die Leadership, die jedem Menschen, der etwas an seiner persönlichen Lebensund Einkommenssituation verbessern möchte, ermöglichen, erfolgreich zu werden. Wir sehen das als echtes Geschenk und betrachten es daher als unsere Pflicht, auch anderen die Möglichkeit zu geben, daran teilzuhaben.

Momentum ist für uns kein Fremdwort, Duplikation ist bei uns an der Tagesordnung, unsere intensive Ausbildung für neue Partner gehört zum Besten, was man in unserer Branche finden kann. Jeder, der eine unserer Geschäftspräsentationen oder Meetings besucht hat, wird diese magische Energie sicherlich sein ganzes Leben lang nicht vergessen. Dort, wo andere von Zukunft reden, produzieren wir in der Gegenwart echte und abrechenbare Spitzenergebnisse!

Unabhängig von diesen vielen wichtigen Aspekten, die ohne das heutige Team nicht möglich wären, ist es Stefania und mir gelungen, in puncto firmenübergreifende Ausbildung für Networker eine neue Benchmark in Europa zu setzen. Wir hatten die große Ehre, im letzten Jahr exklusiv einen ganz besonderen Menschen für ein Training der Spitzenklasse mit über 2000 Teilnehmern in Rimini zu gewinnen. Den Menschen, dessen 90-Day-Run mein eigenes Networkerleben damals ein für alle Mal zum Positiven verändert hat.

Ich spreche hier von keinem Geringeren als dem weltweit führenden Trainer und Coach, wenn es um den Erfolg im Network-Marketing geht, dem Bestsellerautor von *Go Pro. 7 Schritte zum Network- Marketing-Profi,* Eric Worre! Es erfüllt mich mit Stolz, dass wir mittlerweile mit solchen Branchengrößen zusammenarbeiten, und ich freue mich sehr darüber, ihn mittlerweile nicht nur einen meiner Mentoren zu nennen, sondern einen Freund.

Auch in dieser Beziehung ist für uns schon ein absoluter Traum in Erfüllung gegangen, und wir hoffen sehr, diese Verbindung im Sinne von uns allen in Zukunft noch weiter zu stärken.

Wir haben tatsächlich etwas, wonach sich die Menschen sehnen. Wir haben mit unserer Business-Opportunity den Schlüssel für ein freies und selbstbestimmtes Leben mit der Option auf passives Einkommen sowie finanzielle und geografische Freiheit. Und wir haben so ziemlich das Gegenteil von dem, was man bei klassischen Berufsbildern und Geschäftsideen finden kann.

Wenn man sich einmal bewusst macht, dass wir gerade massive Veränderungen in den konventionellen Arbeitswelten, also der Industrie, der Produktion und im Dienstleistungssektor erleben und dass der globale Wandel ein Umdenken in so vielen Berufsgruppen und Branchen erfordert, kann man nur von Glück sprechen, dass es mit Network-Marketing eine echte Alternative für jedermann und jedefrau gibt, die eigene Zukunft proaktiv selbst zu gestalten.

Network-Marketing ist der Schlüssel für ein selbstbestimmtes Leben.

Wenn ich von Alternative spreche, dann meine ich genau dieses Instrument Network-Marketing, das so viel mehr ist als nur ein Geschäftsmodell. Nämlich ein Werkzeug, um sich Lebensträume zu erfüllen, ein Vehikel, um Ziele zu erreichen, eine Branche, die exponentiell wächst. Zum Zeitpunkt, da ich diese Zeilen schreibe, setzt sie weltweit sage und schreibe 200 Milliarden US-Dollar um und zählt damit zu den am schnellsten wachsenden Branchen weltweit.

Für alle diejenigen Leser, für die unsere Branche neu ist oder die sich gerade intensiver mit unseren Möglichkeiten beschäftigen, möchte ich an dieser Stelle unbedingt die Gelegenheit nutzen, intensiv ins Schwärmen zu kommen. Ich glaube, all diejenigen, die mich kennen, erwarten das schlichtweg von mir. Und all diejenigen, die mich noch nicht kennen, aber bis hierher gelesen haben, werden es aufgrund meiner eigenen Erlebnisse und Erfolge in dieser Branche mit Sicherheit nachvollziehen können.

Und zwar deshalb, weil ich Network-Marketing einfach alles zu verdanken habe und weil ich mittlerweile aus meinem Traum erwacht und in einer atemberaubenden und unfassbar beeindruckenden Realität angekommen bin. Im Gegensatz zu normalen Träumen, denen die Realität meist nie das Wasser reichen kann, ist es bei mir genau umgekehrt. Meine heutige Realität übertrifft meine Träume um ein Vielfaches, und es ist mit Worten nur schwer zu beschreiben, was ich gerade erlebe und fühle. Das Schöne daran ist, dass ich nicht alleine bin wie so viele erfolgreiche Menschen im Wirtschaftsleben, sondern dass ich den Erfolg mit vielen Tausenden Menschen meines Teams teilen darf. Mein Erfolg ist ihr Erfolg, und ihr Erfolg ist auch mein Erfolg. Network-Marketing ist ein »People's Business«, ein Geschäft von Menschen für Menschen, und das ist es doch, was zählt in der heutigen Zeit.

Aber es ist nicht nur ein Geschäft, sondern es kann so viel mehr sein. Wir befinden uns zwar alle auf demselben Weg, und doch verfolgt jeder Einzelne ganz unterschiedliche Ziele mit seinem Engagement innerhalb von unityglobal und im Network-Marketing…

Manche wollen einfach nur …
eine Möglichkeit, Produkte, die sie selbst brauchen, die sie lieben und schätzen, günstiger oder gar zum Nulltarif zu beziehen …

Andere wollen …
die Chance, ein zweites Standbein aufzubauen, oder wünschen sich eine neue berufliche Heimat …

Einige suchen …
eine Alternative zum klassischen Nebenjob, mit der man 500 bis 800 Euro monatlich dazuverdienen kann …

Sicherheitsdenker und Vorsichtige …
wünschen sich einen Weg, durch den man ein zweites, von Demografie, Inflation und wirtschaftlicher Entwicklung unabhängiges Rentenkonto aufbauen kann …

Unternehmer und Selbstständige …
brauchen ein Existenzsicherungsmodell, um die eigene Arbeitskraft und das Ausfallrisiko abzusichern …

Studierende wünschen sich …
gute Möglichkeiten, risikolos Erfahrung in der freien Wirtschaft zu sammeln, gut bezahlt und bei freier Zeiteinteilung …

Profiund Leistungssportler …
suchen ein betriebswirtschaftliches Anschlusskonzept nach ihrer sportlichen Karriere …

Leistungsmenschen …
bekommen die Chance, wirklich dafür bezahlt zu werden, was sie Tag für Tag leisten, und nicht dafür, was sie anderen wert sind …

Familien erhalten …
die Möglichkeit, ein wirkliches home-based Family-Business zu starten …

Ja, einige …
wollen tatsächlich Millionär werden …

Freiheitsliebende lernen …
sich vom eigenen Arbeitgeber abzukoppeln und unabhängig zu machen …

Die Weltverbesserer …
kriegen die Möglichkeit, ein echtes Vermächtnis zu hinterlassen und vielen Menschen zu mehr Lebensqualität zu verhelfen …

Die meisten aber …
bekommen mithilfe von Network-Marketing einen Weg aufgezeigt, persönlich frei und finanziell unabhängig zu werden …!

Ich bin mir sicher, dass ich einige Motive und »Warums« nicht erwähnt habe und dass ich einige Menschen oder sogar ganze Gruppen von Personen vergessen habe. Wenn es nach mir ginge, könnte ich diese Liste unendlich lange fortsetzen, denn ich kenne diese Menschen mit ihren Warums alle persönlich und bin froh, sie in meinem Team zu wissen. Aber ich denke auch, dass es gar nicht so sehr wichtig ist, was *andere* in ihrem Leben tun.

Die alles entscheidende Fragen ist doch immer wieder: Wie sieht es denn aktuell *bei Dir selbst* aus? Wie läuft es bei Dir persönlich, bist Du auf Kurs, Deine Ziele zu erreichen? Führst Du das Leben, das Du schon immer gerne führen wolltest? Und vor allem: Wenn Du das, was Du jetzt tust, noch zehn weitere Jahre tust, kommst Du dann dort an, wo Du ankommen möchtest?

Es ist sehr wichtig, sich heute diese Fragen zu stellen, ansonsten merkst Du eines Tages, wie viele andere Millionen von Menschen, dass sie zwar ihr ganzes Leben lang gearbeitet, aber niemals das bekommen haben, was sie wirklich wollten.

Sie sagen dann, sie hätten niemals eine Chance gehabt. Ich persönlich denke aber, es ist verrückt, ein Bahnticket in den Westen zu kaufen, wenn man eigentlich in den Süden will. Und sich dann eines Tages zu wundern, warum man im Westen rausgekommen ist.

Wie zufrieden bist Du auf einer Skala von eins bis zehn in den fünf lebensbegleitenden Bereichen *Zeit, Finanzen, Gesundheit, soziale Verbindungen und Familie?*

Egal wie man es dreht, am Ende geht es doch bei jedem Menschen schwerpunktmäßig um diese fünf Bereiche, oder besser gesagt um eine möglichst ausgewogene und befriedigende Mischung der einzelnen Komponenten. Es geht darum, glücklich zu sein im Leben.

> *Zeit, Finanzen, Gesundheit, soziale Verbindungen, Familie: wichtige Bereiche, auf die es ankommt im Leben eines Menschen*

Wenn Du an den Anfang meiner Geschichte zurückdenkst, so wirst Du Dich sicherlich erinnern, dass nach meinem persönlichen Empfinden in meiner Jugend genau eines dieser Themen in einer Schieflage war, nämlich das Thema Nummer zwei, die Finanzen.

Dieser Bereich hat mich intensiv beschäftigt, und die Abneigung dagegen, später einmal ein Leben mit limitierten finanziellen Möglichkeiten zu führen, war dann schließlich der Auslöser für meine frühzeitige Entscheidung: Das soll später einmal bei mir nicht so sein.

Diese Entscheidung hat über einige Umwege dazu geführt, dass ich diese Branche kennenund lieben lernen durfte. Aber auch dazu, dass ich heute das Privileg habe, meine persönliche Geschichte in Form dieses Buches zu veröffentlichen.

Kürzlich hatte ich eine sehr schöne Konversation mit meinem Vater. Es ging um die Erlebnisse der letzten Jahre und Monate, und er erinnerte sich an genau den Zauber der ersten Stunde. Er erinnerte sich an diesen aufgeregten Danien, der vor vierzehn Jahren von seiner ersten Geschäftspräsentation kam und allen verkündete, dass in Zukunft Großartiges passieren würde …!

»Danien, weißt du noch, vor vielen Jahren, als du an dem Abend nach diesem ersten Meeting zu uns nach Hause kamst? Uns nachts geweckt hast und sagtest, dass du Millionär wirst? – Es kam zwar am Ende alles etwas anders als erwartet, und es hat etwas länger gedauert, aber es hat tatsächlich gestimmt. Was du damals gesagt hast mitten in der Nacht. Und zwar genau mit diesem Geschäft. Das ist schon unglaublich. Wir konnten es einfach nicht glauben …!«

Traumreise

Zu guter Letzt gestatte mir noch eines, nämlich Dich einzuladen und mitzunehmen auf eine kleine Reise. Es ist viele Jahre später, und ein sehr, sehr guter Freund hat Dich eingeladen.

Er war schon immer derjenige Mensch, dessen Wort für Dich im Leben sehr viel gezählt hat, jemand, der viel für seine Träume gekämpft hat.

Heute hat er es geschafft. Er hat genau den Erfolg, von dem er immer geträumt hat, er ist in den letzten Jahren seinen Weg unbeirrt gegangen, und genau das tut er heute noch.

Du erinnerst Dich noch genau an seinen Weg. Alle Hindernisse hat er aus dem Weg geräumt und hat sich einfach geweigert aufzugeben, auch wenn ihn die Umstände ab und zu einmal in die Knie gezwungen haben. Du bist stolz auf ihn, denn selbst wenn er einmal in eine schwierige Situation kam, war er derjenige, der diese Situation dennoch mit einem Lächeln meisterte, und auch wenn das nicht gleich gelang, dachte er pragmatisch und lösungsorientiert. Er jammerte nicht, und er machte seine Probleme nicht zu denen der anderen.

Das Interessante an ihm war schon immer, dass er in Situationen, in denen es leicht gewesen wäre, die äußeren Umstände für etwas verantwortlich zu machen, die Gründe bei sich selbst suchte. Er übernahm stets die Verantwortung und war der Meinung, dass Rückschläge und Niederlagen immer die Möglichkeit zur Weiterentwicklung geben und dass selbst Krisen immer eine noch größere Chance beinhalten.

So war es nur zu logisch, dass Deine Bewunderung für ihn stetig wuchs, denn er war ein echtes Vorbild, er hatte Strahlkraft und

Zuversicht, war voller Ideen und im zwischenmenschlichen Bereich schlichtweg jemand, den alle mögen. So kam es dann auch, wie konnte es anders sein, dass er die inspirierendsten und erfolgreichsten Partner in sein Leben zog, und heute, da hat er eine wahrhaftige Musterfamilie gegründet. Ja, er ist mittlerweile extrem erfolgreich, und er macht einfach sein eigenes Ding. Er war schon immer der Meinung, dass es auf lange Sicht nichts bringe, für jemanden anderen zu arbeiten und seine wertvolle Zeit gegen Geld zu tauschen, und dass es wahrhaftig edler sei, andere Menschen auf ihrem Weg zum Erfolg zu unterstützen. Feste Arbeitszeiten kennt er nicht, und auch Geld spielt keine Rolle mehr bei ihm.

Das Schönste ist aber: Es ist ihm tatsächlich gelungen, sehr, sehr vielen anderen Menschen zum Erfolg zu verhelfen, und diese Menschen überschütten ihn jeden Tag mit Dankbarkeit für all das, was er für sie getan hat.

Die Liste seiner Freunde liest sich wie das Who's who des neuesten Businessund Lifstylemagazins. Und was noch verrückter ist, die Menschen, mit denen er sich umgibt, sind nicht nur erfolgreich, sondern haben auch ein großes Herz. Sie sind außerdem fit und gesundheitsbewusst. Genau wie er und seine Familie. Er achtet sehr bewusst auf seine Ernährung und treibt Sport.

Am Ende ist das alles ja auch ganz logisch, denn wenn jemand erfolgreich ist, dann wird er meist noch erfolgreicher, und er wird auch disziplinierter, weil er über bessere Kontakte (Proximity), Geld und Ressourcen verfügt.

Genau dieser Freund also hat Dich doch tatsächlich in seine Villa nach Kalifornien eingeladen, damit Du dort einige Tage verbringst. Diese Einladung nimmst Du natürlich gerne an. Noch während Du im Flieger sitzt, malst Du Dir gedanklich aus, wie es wohl in Kalifornien sein würde. Verrückt, die meisten Bekannten von früher machen einmal im Jahr einen Standardurlaub irgendwo in Spanien oder in hiesigen Gefilden. Und er hat einen Zweitwohnsitz in

Kalifornien. Unglaublich. Wie Du erfahren hast, fliegt er schon zehn Jahre lang dorthin, und andere Freunde haben Dir erzählt, er hätte sogar ein Boot. Ganz zu schweigen vom neuesten Porsche und den Dimensionen seines Anwesens.

Als Du am Flughafen landest, traust Du Deinen Augen kaum. Ein freundlicher Herr wartet auf Dich, er hält ein edles, schwarz gerahmtes Schild mit Deinem Namen und nimmt Dir das Gepäck ab. Und, wow, Dein Freund hat Dir doch tatsächlich den Schlüssel seines nigelnagelneuen Porsche Cabrio hinterlegt, mit dem Du selbst zu seiner Residenz fahren darfst. »Hab Spaß«, hat er Dir auf einem Zettel notiert. Auch die Schlüssel des Hauses werden Dir übergeben …

Schon auf den ersten Kilometern überkommt Dich ein Gefühl der Freiheit, Du wirst den Eindruck nicht los, dass hier die Uhren anders ticken, dass es hier keine Limitierungen gibt und an jeder Ecke Chancen warten. Du denkst daran, wie Dein Freund in seiner begeisternden Art Dir erzählt hat, dass er gerade wieder ein paar interessante Immobilien gekauft und sich einige lukrative Einkommensquellen erschlossen hat. Er hat sich in den letzten Jahren in verschiedenen Bereichen intensiv weitergebildet und wirklich interessante neue Menschen kennengelernt, die Du bei Gelegenheit unbedingt auch noch einmal kennenlernen sollst.

Während Du dem sonoren Klang des Cabrios lauschst und die sonnigen Straßen hoch oben über den Klippen entlangfährst, fahren Deine Gedanken Achterbahn. Wie er das nur immer macht?, denkst Du. Und noch bevor Du zu Ende gedacht hast, biegst Du mit Deinem Wagen in eine palmengesäumte Straße. Ich müsste bestimmt gleich da sein, denkst Du gerade, und in diesem Moment stockt Dir der Atem.

Du erblickst die Mansion. In Sichtweite öffnet sich vollautomatisch ein prächtig verziertes Eingangstor, wie Du es bisher nur in

Filmen gesehen hast. So etwas hast Du noch selten erlebt, Du fühlst Dich wirklich sehr willkommen und dennoch absolut überwältigt.

Das Haus ist tatsächlich riesig. In den Außenanlagen findest Du Springbrunnen, und die Vögel zwitschern. Es ist wie in einer anderen Welt.

Du fährst den Wagen vor den Eingang und parkst ihn in dem großen Wendekreis. Schaltest den Motor ab und begibst Dich auf den Weg nach innen.

Die ersten Schritte in seine Villa bestätigen Dir, dass die Realität Deine Vorstellung bei Weitem übertrifft und Dein Freund wahnsinnig untertrieben hat.

Was Du hier mit eigenen Augen siehst, ist keine Villa, das ist schlichtweg ein unfassbarer Traum von einem Haus in absoluter Bestlage mit Blick auf das offene Meer! Du öffnest die bodentiefen Glaselemente – wow, man kann hier quasi die gesamte Wand zur Seite schieben. Innen und Außen verschmelzen zu einem harmonischen Gesamterlebnis.

Noch während Du die vielen einzelnen Details und Eindrücke aufnimmst und versuchst, alles richtig einzuordnen, führt Dich Dein Weg ins Badezimmer. Du bist jetzt richtig neugierig geworden und erkundest das ganze Haus.

Wie kann das sein? Selbst das Badezimmer »rockt« in diesem Haus.

Plötzlich ist es ruhig, und Du hast den Eindruck, dass sich etwas geändert hat. Du kannst noch nicht richtig erklären, was es ist, denn es überkommt Dich ein bisher nicht gekanntes Gefühl. Es fühlt sich unglaublich gut an, denn Du bist plötzlich kein Zuschauer mehr. Keiner, der von außen draufschaut, sondern der Hauptdarsteller!

Alles ist kraftvoll und voller Energie, Du bist aufmerksam und unglaublich präsent, und während Du in den Spiegel schaust, machst Du eine schier unfassbare Entdeckung: Dies ist *Dein* Badezimmer. Der sehr, sehr gute Freund, der Dich eingeladen hat, das bist Du. Du bist es selbst!

Es ist Dein erfolgreiches zweites Ich, das Dich gerade mit auf eine Reise zu Deinen kühnsten Träumen genommen hat, und es brennt förmlich darauf, Dir etwas zu sagen!

Es will Dir sagen, dass es Zeit ist, aus Deinen Träumen Realität zu formen, und dass es niemals zu spät ist, damit anzufangen. Es möchte Dir sagen, dass es schade darum wäre, ein Durchschnittsleben zu führen und immer nur die Erfolge anderer zu bewundern. Es fühlt sich eingesperrt und möchte nicht länger hinnehmen, dass Du die Dinge, die Dich nicht befriedigen, einfach so akzeptierst. Es ruft Dir zu, wieder Träumer zu sein, Kämpfer, Macher, Möglichmacher. Es fleht Dich an, Deine inneren Ketten und Konditionierungen zu sprengen, Deine Dämonen zu besiegen und zu denen zu gehören, die von sich behaupten können, alles gegeben zu haben, um ihre Ziele, Träume und Wünsche im Leben zu realisieren.

Es ruft Dir zu: Nimm, was Du hast, tu, was Du kannst, und starte dort, wo Du bist! Akzeptiere Dein Leben nicht als Umstand, der Dir widerfährt. Sei Gestalter und nicht Bewahrer, sei ein Leader und kein Follower, sei Macher und nicht Opfer und fülle Deine Tage mit Leben, anstatt die Tage in Deinem Leben zu zählen. Stell sicher, dass Du Dir nicht irgendwann eingestehen musst, nicht alles gegeben zu haben, um ein wirklich außergewöhnliches Leben zu führen. Es ist möglich. Glaube an Dich und glaube Dir selbst, denn eines ist sicher: Du bist großartig!

Und selbst wenn Du es nicht nur für Dich tust, dann tu es für Menschen in Deinem Leben, für die es sich lohnt, Außergewöhnliches zu leisten, etwas aufzubauen oder ein Vermächtnis zu hinterlassen. Vielleicht sind es Deine Kinder, denen Du eine bessere Zukunft ermöglichen möchtest, vielleicht sind es aber auch Deine Eltern, die ihr Leben lang alles für Dich entbehrt haben, und nun ist es an der Zeit, ihnen etwas zurückzugeben. Vielleicht sind es Menschen, denen Du einfach ein gutes Vorbild sein möchtest? Möglicherweise ist es aber auch Dein Partner oder Lebensgefährte, der Dir vertraut und sich wünscht, an Deiner Seite ein Leben in Fülle, Wohlstand und wirtschaftlicher Sicherheit zu verbringen?

Wenn man den Grundgedanken von Network-Marketing verstanden hat, dann kann man nur zu der Erkenntnis kommen, dass wir hier eine echte Chance haben, die es mit möglichst vielen anderen Menschen zu teilen gilt. Ich hoffe und verspreche, dass ich und das gesamte *unityglobal*-Movement auch in Zukunft einen Beitrag leisten, damit weltweit noch mehr Menschen den Blick heben und ihr Leben, ihre Gesundheit, ihre finanziellen Belange und ihre Zukunft selbstbestimmt in die Hand nehmen.

Ich freue mich unglaublich darüber, dass ich Dich mit auf meine Reise vom Traum zur Realität im Network-Marketing nehmen durfte. Und ich freue mich darauf, bald von Dir und Deinen Erfolgsgeschichten in unserer großartigen Profession zu hören.

An dieser Stelle möchte ich mich für Deine Aufmerksamkeit von Herzen bedanken und sende Dir atemberaubende Grüße aus Dubai.

Dein Network-Marketing-Professional
Danien Feier

Printed in Poland
by Amazon Fulfillment
Poland Sp. z o.o., Wrocław

78381230R00094